YONSEI KOREAN IN 3 WEEKS

3주완성 연세 한국어

1

연세대학교 한국어학당 편

연세대학교 출판문화원

3주완성 연세 한국어 1

편저자 연세대학교 한국어학당 교재편찬위원회
집필진 한상미 · 홍윤혜 · 이수민 · 손현선 · 안기정
펴낸곳 연세대학교 출판문화원

주소 서울시 서대문구 연세로 50 **등록** 1955년 10월 13일 제9-60호
전화 02) 2123-3378~80 **팩스** 02) 2123-8673
전자우편 ysup@yonsei.ac.kr **웹사이트** http://press.yonsei.ac.kr

내지디자인 PAGE M (한충명) **조판** PAGE M (정다운) **삽화** PAGE M (윤성현)
녹음 MS미디어 **성우** 김상백, 김태현 **인쇄** (주)동국문화

2013년 6월 28일 1판 1쇄 2025년 7월 21일 1판 18쇄

ISBN 978-89-6850-037-4(08710)
978-89-6850-036-7(세트)

값 30,000원

머리말

50년 이상을 한국어 교육에 매진해 온 연세대학교 한국어학당은 국내 최고의 역사와 명성에 걸맞게 그동안 다양한 한국어 교재 편찬과 관련 연구를 해 옴으로써 한국어 교육을 선도해 왔다.

특히 최근에는 한류가 아시아 지역을 벗어나 미주, 유럽에 이르기까지 전 세계로 확산되면서 한국과 한국 문화가 세계로 전파되고 이에 따라 한국어에 대한 관심과 수요도 늘어나고 있다. 예전에 해외 동포나 일부 외국인을 중심으로 이루어져 왔던 한국어 교육이 이제는 다양한 목적과 요구를 지닌 학습자들을 대상으로 확대되는 추세에 있으며 교재에 대한 수요도 이와 함께 다양해지고 있다.

연세대학교 한국어학당은 그동안 일반 목적의 한국어 학습자뿐만 아니라 직업 목적의 학습자, 학문 목적의 학습자, 해외 동포 자녀 등 다양한 대상의 목적과 수요에 맞춘 교재를 지속적으로 개발, 출간해 왔다. 이번에 출판하는 '3주완성 연세 한국어 1'은 60시간용 교재로 단기간에 한국어를 배우려는 학습자를 대상으로 만든 교재이다. 따라서 외국인들이 흥미를 가지고 있는 주제를 중심으로 필수적인 어휘와 문법, 문화와 사고방식을 소개함으로써 한국어와 한국에 대한 이해를 넓히고자 하였다. 특히 이 교재는 어휘력과 문법 이해력 및 말하기, 듣기, 쓰기, 읽기 영역을 균형 있게 향상시킬 수 있도록 다양한 과제를 포함시킴으로써 학습 효과를 높이고자 하였다.

언어 교육은 목표어를 통한 의사소통 능력의 향상과 함께 목표 언어의 사회와 문화를 이해시키는 데 그 목적이 있다. 이 교재는 짧은 기간에 한국어를 배우고 한국 문화를 알고자 하는 학습자들에게 많은 도움이 될 것으로 확신하며 한국어 교재 발전에도 큰 몫을 담당하리라고 본다.

'3주완성 연세 한국어 1'이 연세대학교 언어연구교육원 한국어학당에서 학습하는 학습자들뿐만 아니라 국내, 국외에서 단기간에 한국어와 한국문화를 배우고자 하는 모든 학습자들에게 크게 도움이 되기를 바라며 연세대학교 언어연구교육원 한국어학당 교재편찬 위원회는 앞으로도 학습자들의 요구와 기대에 부응하는 교재 개발을 위해 최선을 다할 것이다.

연세대학교 언어연구교육원
한국어학당 교재편찬위원회

일러두기

- '3주완성 연세 한국어 1'은 단기간에 한국어를 배우려는 외국인 및 교포 학습자를 위한 초급 단계의 책으로 초급 단계에서 꼭 알아야 할 주제를 중심으로 썼으며 이와 함께 필수적인 어휘와 문법, 문화와 사고방식을 소개함으로써 한국에 대한 이해를 넓히고자 하였다.

- '3주완성 연세 한국어 1'은 총 15개의 과로 구성되어 있는데 1-3과에서는 한글 자모 익히기 및 문장 읽기를 다루고 있고, 4-15과는 기초 단계에서 꼭 알아야 할 어휘, 표현, 문법 및 과제를 바탕으로 일상생활에 필수적인 대화를 학습할 수 있도록 구성되어 있다.

- '3주완성 연세 한국어 1'은 5명의 주요 인물들이 등장하며 이들 등장인물들의 일상생활을 중심으로 본문의 대화 내용을 12개 과로 구성하였다.

- 본 교재는 단원명, 학습 목표, 삽화와 도입 질문, 대화, 발음, 어휘, 문법, 과제, 문화로 구성되어 있다.

- 각 단원의 제목은 본문 대화 내용 중의 주요 문장으로 제시하였다.

- 각 단원의 목표는 해당 단원에서 학습해야 할 의사소통 기능과 과제를 중심으로 제시하여 학습자들의 학습 동기를 유발하고 단원에 대한 이해를 촉진시키는 데에 도움이 되도록 하였다.

- 본문 대화는 각 과의 주제와 관련된 가장 전형적이고 대표적인 대화 상황을 설정하고자 노력하였으며 4~7개의 문장, 약 두 쌍의 대화로 구성하였다. 대화 앞에는 주제와 관련된 삽화와 질문을 넣어 학습자들이 대화 내용을 흥미있게 접할 수 있도록 유도하였다.

- 대화에서 주의해야 할 발음은 따로 제시하여 정확한 발음을 연습할 수 있도록 하였다.

- 본문 대화 내용을 부록에 영어, 일본어, 중국어로 제시하여 학습자가 대화의 맥락이나 상황 및 내용을 쉽게 이해할 수 있도록 도왔다.

- 어휘는 각 단원의 주제별로 꼭 알아야 할 어휘를 선정하여 제시하였으며 관련 삽화를 함께 제시하여 의미를 이해하기 쉽게 하였다. '3주완성 연세 한국어 1'에서 제시한 단어는 321개이다.

- 문법은 각 단원의 대화에 제시된 주요한 문법이나 문형의 의미와 용법을 부록에 학습자의 모국어로 설명하고 예문을 제시하였다. 문법 제시 이후에는 연습 문제를 덧붙여 공부한 내용을 학습자가 점검해 보도록 하였다.

- 과제는 학습 목표에서 제시한 의사소통 기능에 부합되는 것으로 각 단원마다 3개 씩 제시하였다. 과제는 말하기, 듣기, 읽기, 쓰기의 네 기능을 적절히 수행하도록 제시하였으며 초급 과정에서 요구되는 말하기와 듣기의 비중을 높게 구성하였다.

- 문화는 단원의 주제와 관련하여 한국어를 이해하는 데에 도움이 되는 경우에 해당 부분에 문화 관련 정보를 제시하였다.

- 부록으로 번역, 문법 활용연습, 듣기 지문, 모범 답안과 색인을 두어 학습자가 해당 단원의 내용을 확인할 수 있도록 하였고, 아울러 목표 문법을 자습할 수 있도록 하였다.

- 모범 답안은 어휘와 문법 연습의 모범 답안을 제시하였으며 필요한 경우 과제의 모범 답안도 예시하였다.

- 어휘와 문법 색인에서는 각 단원에서 다루어진 본문의 새 어휘, 주제와 관련된 어휘와 주요 문법을 각각 가나다 순으로 정리하여 제시하였다.

내용 구성

과	제목	과제	어휘	문법
1	한글(1)	한글 연습 - 듣고 단어 찾기 - 듣고 연결하여 그림 만들기 - 듣고 단어 고쳐 쓰기 - 단어 찾아서 표시하기 - 듣고 그림에 맞는 단어 쓰기 - 단어 읽기		
2	한글(2)	한글 연습 - 듣고 단어의 순서 쓰기 - 듣고 연결하여 그림 만들기 - 듣고 단어 고쳐 쓰기 - 단어 찾아서 표시하기 - 듣고 그림에 맞는 단어 쓰기 - 단어 읽기		
3	한글(3)	한글 연습 - 듣고 읽기 - 듣고 빈칸 채우기 - 읽기 - 문장 듣고 읽기 - 듣고 쓰기		
4	제 이름은 유리예요	과제1 인사하고 이름 말하기 과제2 인사하는 대화를 듣고 말하는 사람 이름 찾기 과제3 인사 메시지를 읽고 인사하는 글쓰기	성과 이름 관련 어휘	이에요 은
5	어느 나라 사람이에요?	과제1 국적 묻고 대답하기 과제2 국적에 대한 대화를 듣고 이야기하기 과제3 자기 소개서를 읽고 자기 소개서 쓰기	나라 관련 어휘	이에요? 이 아니에요
6	이것이 마이클 씨 책이에요?	과제1 물건 이름을 묻고 대답하기 과제2 물건에 대한 대화를 듣고 쓰기 과제3 글을 읽고 가지고 있는 물건에 대해 이야기하기	물건 관련 어휘	이 이/그/저
7	일본 사람도 있어요	과제1 몇 개/몇 명 있는지 묻고 답하기 과제2 누가 어디에 있는지 듣고 말하기 과제3 집 근처에 무엇이 있는지 읽고 쓰기	장소 관련 어휘 수 관련 어휘1	에 있다 (에 있어요) 도

과	제목	과제	어휘	문법
8	동생은 무엇을 해요?	과제1 가족 관계 묻고 답하기 과제2 가족 소개 듣고 자기 가족 소개하기 과제3 가족 소개 블로그 읽고 가족 소개하는 블로그 만들기	가족 관련 어휘 동사	-어요[1] 을
9	경치가 아름다워요	과제1 친구와 고향 이야기를 하고 친구 고향 소개하기 과제2 고향 소개 듣고 고향에 대해 이야기하기 과제3 고향 소개 안내서를 읽고 고향을 소개하는 글쓰기	형용사	-지 않다 ㅂ동사
10	불고기를 먹을까요?	과제1 메뉴 보고 음식 말하기 과제2 식당 소개 듣고 좋아하는 식당에 대해서 쓰기 과제3 다양한 식당 소개 읽고 식당과 음식 결정하기	한국 음식 관련 어휘	-을까요? -어요[2]
11	불고기 이 인분하고 냉면 주세요	과제1 식당에서 음식 주문하기 과제2 식당에서 종업원과 손님의 대화를 듣고 음식 주문하는 대화 만들기 과제3 식당을 소개하는 글 읽고 좋아하는 식당 소개하기	수 관련 어휘2	하고 -으세요
12	세 시부터 다섯 시까지 운동을 해요	과제1 하루 생활에 대해 질문하고 대답하기 과제2 하루 일과에 관한 이야기를 듣고 쓰기 과제3 일상생활 이야기를 읽고 자신의 하루생활 말하기	시간 관련 어휘 일과 관련 어휘	에[1] 부터 까지
13	토요일에 무엇을 하고 싶어요?	과제1 날짜를 묻고 그 날 하고 싶은 일 말하기 과제2 하고 싶은 일에 대한 이야기를 듣고 말하기 과제3 주말 이야기를 읽고 하고 싶은 일에 대해 쓰기	날짜와 요일 관련 어휘	-고 싶다 에서
14	동대문시장에 가요	과제1 쇼핑 약속 정하기 과제2 자주 가는 쇼핑 장소에 대한 대화를 듣고 이야기하기 과제3 자주 가는 가게를 소개하는 글을 읽고 쓰기	가게 관련 어휘	에 가다 과
15	한 개에 만 원이에요	과제1 가게에서 물건 사기 과제2 쇼핑하고 싶은 물건에 대한 대화를 듣고 말하기 과제3 선물 이야기를 읽고 주고 싶은 선물에 대해 쓰기	선물 관련 어휘	에[2] 에게

차례

주요 인물

유리	샤오밍	영주	마이클	슈테판
일본 사람 대학생	중국 사람 회사원	한국 사람 대학생	미국 사람 대학원생	독일 사람 회사원

한글

1. 개요

한글은 한국어의 문자로 세종대왕과 집현전 학자들에 의해 15세기에 탄생되었다. 세종대왕은 백성들이 한국말과는 다른 한자를 문자로 사용하여 불편함을 겪는 것을 안타깝게 생각하여 한글을 창제하고 이것을 반포하여 쉽게 사용하도록 하였다.

한글은 모음 10자, 자음 14자, 합계 24자의 자모로 이루어진 음소문자이다. 한글의 자음은 소리를 낼 때 입의 모양을 본 떠 만들어졌고 한글의 모음은 하늘, 땅, 사람을 뜻하는 천,지,인, 그리고 우주의 상반되는 두 기운인 음, 양의 원리를 바탕으로 만들어졌다.

한글의 음절을 완성하게 위해서는 자음과 모음을 결합해야 하는데 그 방법에는 크게 세 가지가 있다.

모음	ㅗ → 오
자음+모음	ㄴ+ㅏ → 나
자음+모음+자음	ㅅ+ㅗ+ㄴ → 손

2. 모음

2.1 발음

모음은 입술의 모양과 혀의 높이에 따라 그 소리가 다르다.

혀의 최고점 위치	앞(전설 모음)		중간(중설 모음)	뒤(후설 모음)
입술 모양 / 혀의 높이	둥글지 않은 입술 모양(평순 모음)	둥근 입술 모양 (원순 모음)	둥글지 않은 입술 모양(평순 모음)	둥근 입술 모양 (원순 모음)
높음(고모음)	ㅣ	ㅟ	ㅡ	ㅜ
중간(중모음)	ㅔ	ㅚ	ㅓ	ㅗ
낮음(저모음)	ㅐ		ㅏ	

2.2 쓰는 방법

모음은 위에서 아래로, 왼쪽에서 오른쪽으로 쓰는 것이 원칙이며 자음의 오른쪽이나 아래에 위치한다. 모음으로 시작하는 음절의 경우는 자음의 위치에 소릿값이 없는 ㅇ을 써 준다.

2.3 이중 모음

위의 10가지 기본 모음 외에도 다음과 같은 이중 모음들이 있다.

ㅑ	ㅕ	ㅛ	ㅠ	ㅒ	ㅖ	ㅘ	ㅙ	ㅝ	ㅞ	ㅢ

3. 자음

3.1 발음

자음은 소리를 내는 위치와 방법에 따라 그 소리가 다르다.

소리의 성질 \ 소리 나는 위치		두 입술	윗잇몸 -혀끝	센입천장 혓바닥	여린입천장 -혀 뒤	목청 사이
안울림 소리	예사소리	ㅂ	ㄷ, ㅅ	ㅈ	ㄱ	ㅎ
	된소리	ㅃ	ㄸ, ㅆ	ㅉ	ㄲ	
	거센소리	ㅍ	ㅌ	ㅊ	ㅋ	
울림 소리	콧소리(비음)	ㅁ	ㄴ		ㅇ	
	흐름소리(유음)		ㄹ			

3.2 쓰는 방법

자음은 위에서 아래로, 왼쪽에서 오른쪽으로 쓰는 것이 원칙이며 모음의 왼쪽이나 위에 위치한다. 모음 아래에 자음을 쓰기도 하는데 이 때 이 자음을 받침이라 한다.

3.3 이름

한글 자음의 이름은 다음과 같다.

자음	ㄱ	ㄴ	ㄷ	ㄹ	ㅁ	ㅂ	ㅅ	ㅇ	ㅈ
이름	기역	니은	디귿	리을	미음	비읍	시옷	이응	지읒

ㅊ	ㅋ	ㅌ	ㅍ	ㅎ	ㄲ	ㄸ	ㅃ	ㅆ	ㅉ
치읓	키읔	티읕	피읖	히읗	쌍기역	쌍디귿	쌍비읍	쌍시옷	쌍지읒

3.4 받침

모음 아래에 쓰는 자음을 받침이라 한다. 한글에서는 모든 자음이 받침으로 쓰일 수 있으나 그 소리는 [ㄱ],[ㄴ],[ㄷ],[ㄹ],[ㅁ],[ㅂ],[ㅇ] 7가지로만 발음된다.

받침 글자	받침 소리	예
ㄱ,ㄲ,ㅋ	[ㄱ]	국, 밖, 부엌
ㄴ	[ㄴ]	돈
ㄷ,ㅅ,ㅆ,ㅈ,ㅊ,ㅌ,ㅎ	[ㄷ]	듣다, 옷, 있다, 낮, 닻, 밑, 히읗
ㄹ	[ㄹ]	별
ㅁ	[ㅁ]	김치
ㅂ,ㅍ	[ㅂ]	집, 앞
ㅇ	[ㅇ]	공

받침의 자리에서 서로 다른 두 개의 자음이 겹쳐지는 것을 겹받침이라고 한다. 겹받침이 어절 끝에 오거나 다음에 자음이 오면 대표음 하나만 발음한다. 뒤에 모음이 오면 '몫이[목씨], 읽으세요[일그세요]' 처럼 두 자음을 이어서 다 발음한다.

제 1 과

한글(1)

- **학습 목표**
  - 한글의 모음(ㅏ, ㅓ, ㅗ, ㅜ, ㅡ, ㅣ, ㅐ, ㅔ, ㅚ, ㅟ)을 읽고 쓸 수 있다.
  - 한글의 자음(ㄱ, ㄴ, ㄷ, ㄹ, ㅁ, ㅂ, ㅅ, ㅇ, ㅈ)을 읽고 쓸 수 있다.

ㅈ ㅣ 지

ㄷ ㅗ 도

지도

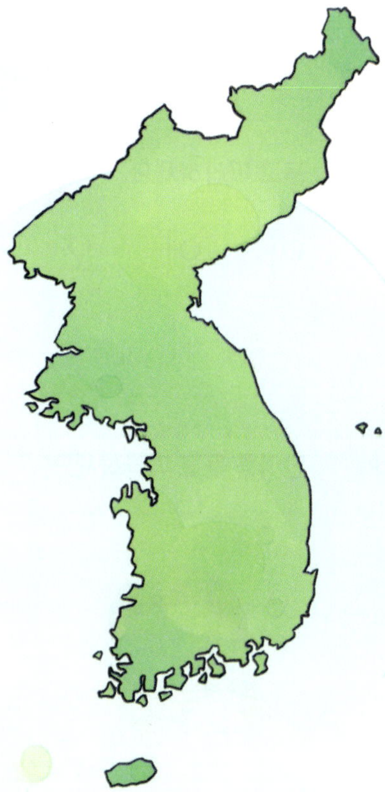

모음 1

MP3_1-1

글자	아	어	오	우	으	이	애	에	외	위
쓰기 순서	아	어	오	우	으	이	애	에	외	위

MP3 **1** 듣고 따라하세요.

아 어 오 우 으 이 애 에 외 위

MP3 **2** 단어를 듣고 따라하세요.

	이		아이
	오		오이
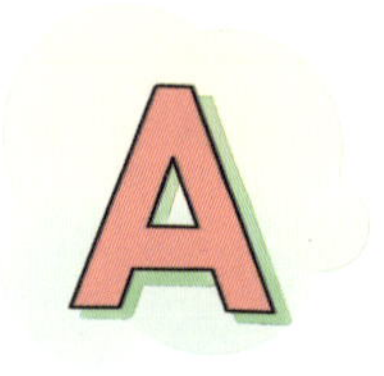	에이		위

3 단어를 읽고 쓰세요.

쓰기 연습						
위	아	이	오	이	에	이

MP3 4 듣고 맞는 것을 고르세요.

1) ❶ 오 ❷ 우　　2) ❶ 어 ❷ 오　　3) ❶ 애 ❷ 이

4) ❶ 외 ❷ 위　　5) ❶ 으 ❷ 어　　6) ❶ 오이 ❷ 어이

MP3 5 단어를 듣고 쓰세요.

1) 이　　2) ☐　　3) ☐

4) 아 ☐　　5) ☐ 이　　6) ☐ 이

자음 1

MP3_1-2

글자	ㄱ	ㄴ	ㄷ	ㄹ
쓰기 순서			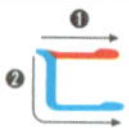	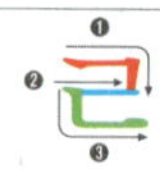

MP3 **1 듣고 따라하세요.**

	ㅏ	ㅓ	ㅗ	ㅜ	ㅡ	ㅣ	ㅐ	ㅔ	ㅚ	ㅟ
ㄱ	가	거	고	구	그	기	개	게	괴	귀
ㄴ	나	너	노	누	느	니	내	네	뇌	뉘
ㄷ	다	더	도	두	드	디	대	데	되	뒤
ㄹ	라	러	로	루	르	리	래	레	뢰	뤼

MP3 **2 단어를 듣고 따라하세요.**

	가게		구두
	노래		다리
	라디오		개나리

3 단어를 읽고 쓰세요.

쓰기 연습

가 게	구 두	노 래	다 리	라 디 오	개 나 리

MP3 4 듣고 맞는 것을 고르세요.

1) ① 그 ② 느 ③ 드
2) ① 뤼 ② 뉘 ③ 귀
3) ① 거기 ② 고기 ③ 구기
4) ① 다리 ② 나리 ③ 라리
5) ① 노로 ② 로도 ③ 도로
6) ① 가게 ② 아귀 ③ 가위

MP3 5 단어를 듣고 쓰세요.

1)

가	게

2)

다	

3)

누	

4)

	래

5)

라		

6)

	나	

자음 2

MP3_1-3

글자	ㅁ	ㅂ	ㅅ	ㅇ	ㅈ
쓰기 순서	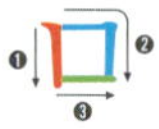				

MP3 **1 듣고 따라하세요.**

	ㅏ	ㅓ	ㅗ	ㅜ	ㅡ	ㅣ	ㅐ	ㅔ	ㅚ	ㅟ
ㅁ	마	머	모	무	므	미	매	메	뫼	뮈
ㅂ	바	버	보	부	브	비	배	베	뵈	뷔
ㅅ	사	서	소	수	스	시	새	세	쇠	쉬
ㅇ	아	어	오	우	으	이	애	에	외	위
ㅈ	자	저	조	주	즈	지	재	제	죄	쥐

MP3 **2 단어를 듣고 따라하세요.**

	모자		바지
	새우		지도
	어머니		쇠고기

3 단어를 읽고 쓰세요.

<table>
<tr><th colspan="14">쓰기 연습</th></tr>
<tr><td>모</td><td>자</td><td>바</td><td>지</td><td>새</td><td>우</td><td>지</td><td>도</td><td>어</td><td>머</td><td>니</td><td>쇠</td><td>고</td><td>기</td></tr>
<tr><td colspan="2"></td><td colspan="2"></td><td colspan="2"></td><td colspan="2"></td><td colspan="3"></td><td colspan="3"></td></tr>
<tr><td></td><td></td><td></td><td></td><td></td><td></td><td></td><td></td><td></td><td></td><td></td><td></td><td></td><td></td></tr>
<tr><td></td><td></td><td></td><td></td><td></td><td></td><td></td><td></td><td></td><td></td><td></td><td></td><td></td><td></td></tr>
<tr><td></td><td></td><td></td><td></td><td></td><td></td><td></td><td></td><td></td><td></td><td></td><td></td><td></td><td></td></tr>
</table>

MP3 4 듣고 맞는 것을 고르세요.

1) ❶ 누 ❷ 무 ❸ 부
2) ❶ 귀 ❷ 쉬 ❸ 쥐
3) ❶ 새우 ❷ 배우 ❸ 매우
4) ❶ 사다 ❷ 가다 ❸ 자다
5) ❶ 소리 ❷ 서리 ❸ 조리
6) ❶ 어머니 ❷ 어버이 ❸ 아버지

MP3 5 단어를 듣고 쓰세요.

1) | 모 | 자 |
2) | | 지 |
3) | | 우 |
4) | | 도 |
5) | 아 | | |
6) | | | 기 |

한글 연습 1

MP3_1-4

MP3

01 듣고 단어를 찾아 ✓ 하세요.

가기 ( ) 가게 ( ) 바지 ( ) 자주 ( ) 나리 ( ) 다리 (✓) 새로 ( ) 자수 ( ) 새우 ( )

MP3

02 듣고 연결하세요. 무슨 그림이에요?

• 왜 • 누구
• 위 —— • 구두
• 고래
• 매우 • 노래 • 에이 • 아기
• 부자
• 모자 • 거기
• 고기
• 배우

MP3

03 단어를 듣고 고쳐서 쓰세요.

1) 쥐 ➡ 귀 2) 오이 ➡ ____________

3) 보모 ➡ ____________ 4) 부두 ➡ ____________

5) 가다 ➡ ____________ 6) 대로 ➡ ____________

04 아래에서 다음 단어를 찾으세요.

나라 수저 바보 지구 서로 외우기

가	나	라	외	위
바	보	루	우	구
수	소	서	기	거
저	거	로	지	구

MP3

05 듣고 그림에 맞는 단어를 쓰세요.

06 읽으세요.

새 뒤 죄 우애 어디

나라 두부 서로 배우 다리미

제2과

한글(2)

- **학습 목표**
  - 한글의 자음(ㅊ, ㅋ, ㅌ, ㅍ, ㅎ / ㄲ, ㄸ, ㅃ, ㅆ, ㅉ)을 읽고 쓸 수 있다.
  - 한글의 모음(ㅑ, ㅕ, ㅛ, ㅠ, ㅒ, ㅖ, ㅘ, ㅙ, ㅝ, ㅞ, ㅢ)을 읽고 쓸 수 있다.

ㅉ + ㅣ = 찌개

ㄱ + ㅘ = 과자

자음 3

MP3_2-1

글자	ㅊ	ㅋ	ㅌ	ㅍ	ㅎ
쓰기 순서	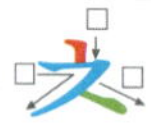	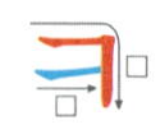	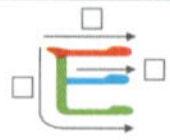		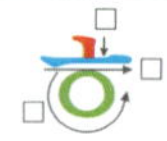

MP3 **1 듣고 따라하세요.**

	ㅏ	ㅓ	ㅗ	ㅜ	ㅡ	ㅣ	ㅐ	ㅔ	ㅚ	ㅟ
ㅊ	차	처	초	추	츠	치	채	체	최	취
ㅋ	카	커	코	쿠	크	키	캐	케	쾨	퀴
ㅌ	타	터	토	투	트	티	태	테	퇴	튀
ㅍ	파	퍼	포	푸	프	피	패	페	푀	퓌
ㅎ	하	허	호	후	흐	히	해	헤	회	휘

MP3 **2 단어를 듣고 따라하세요.**

	치마		커피
	케이크		투수
	포도		회사

3 단어를 읽고 쓰세요.

쓰기 연습

치	마	커	피	케	이	크	투	수	포	도	회	사

MP3 4 듣고 맞는 것을 고르세요.

1) ❶ 티 ❷ 피 (circled) ❸ 히
2) ❶ 초 ❷ 고 ❸ 코
3) ❶ 사다 ❷ 자다 ❸ 차다
4) ❶ 호두 ❷ 보도 ❸ 포도
5) ❶ 회사 ❷ 괴사 ❸ 퇴사
6) ❶ 투수 ❷ 포수 ❸ 후세

MP3 5 단어를 듣고 쓰세요.

1)

포	도

2)

	사

3)

커	

4)

	마

5)

	이	

6)

		트

자음4

MP3_2-2

글자	ㄲ	ㄸ	ㅃ	ㅆ	ㅉ
쓰기 순서			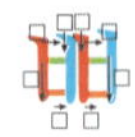		

MP3 **1 듣고 따라하세요.**

가	까	카
다	따	타
바	빠	파
사	싸	
자	짜	차

MP3 **2 단어를 듣고 따라하세요.**

	꼬리		토끼
	따르다		아빠
	쓰다		짜다

3 단어를 읽고 쓰세요.

쓰기 연습

꼬리	토끼	따르다	아빠	쓰다	짜다

MP3 4 듣고 맞는 것을 고르세요.

1) ❶ 고리 ❷ 꼬리 (circled)　　2) ❶ 다르다 ❷ 따르다

3) ❶ 아빠 ❷ 아파　　4) ❶ 사다 ❷ 싸다

5) ❶ 지다 ❷ 찌다 ❸ 치다　　6) ❶ 삐다 ❷ 피다

MP3 5 단어를 듣고 첫소리가 어느 것인지 고르세요.

	❶ [ㄱ]	❷ [ㄲ]	❸ [ㅋ]
1)	✓		
2)			

	❶ [ㄷ]	❷ [ㄸ]	❸ [ㅌ]
3)			
4)			

	❶ [ㅂ]	❷ [ㅃ]	❸ [ㅍ]
5)			
6)			

	❶ [ㅅ]	❷ [ㅆ]
7)		
8)		

	❶ [ㅈ]	❷ [ㅉ]	❸ [ㅊ]
9)			
10)			

모음 2

MP3_2-3

글자	야	여	요	유	애	예	와	왜	워	웨	의
쓰기 순서	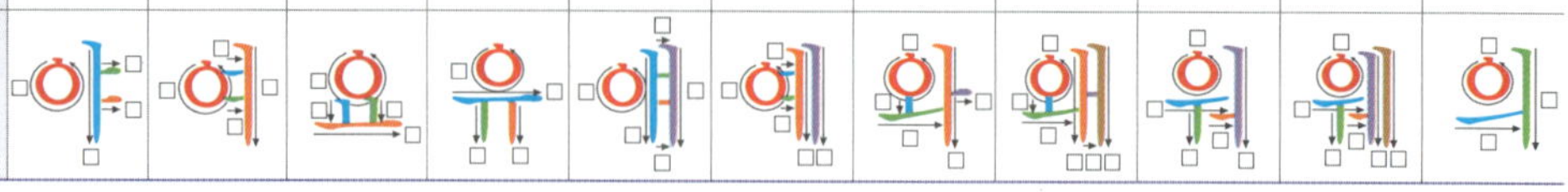										

MP3 **1** 듣고 따라하세요.

야 여 요 유 얘 예 와 왜 워 웨 의

MP3 **2** 단어를 듣고 따라하세요.

	야구		티셔츠
	우유		시계
	과자		의사

3 단어를 읽고 쓰세요.

쓰기 연습													
야	구	티	셔	츠	우	유	시	계	과	자	의	사	

MP3 **4 듣고 맞는 것을 고르세요.**

1) ❶ 야구 ❷ 요구　　2) ❶ 이사 ❷ 의사　　3) ❶ 여유 ❷ 여우

4) ❶ 교회 ❷ 교외　　5) ❶ 사과 ❷ 사자　　6) ❶ 여기 ❷ 요기

MP3 **5 듣고 단어를 쓰세요.**

1) | 티 | 셔 | 츠 |

2) | | 구 |

3) | | 사 |

4) | 우 | |

5) | 과 | |

6) | | 수 |

한글 연습 2

MP3_2-4

MP3

01 듣고 단어의 순서를 쓰세요.

투수 [ ]　포도 [ ]　회사 [ ]
짜다 [ ]
파도 [ ]
꼬리 [1]　의사 [ ]
포수 [ ]　커피 [ ]

MP3

02 듣고 연결하세요. 무슨 그림이에요?

• 고기　• 의자　• 코　• 포도
• 의사
찌개 •　• 쓰다　꼬리 •　• 투수
• 서다
• 지개　• 도수
자다 •
• 가자
짜다 •　• 과자

MP3

03 단어를 듣고 고쳐서 쓰세요.

1) 세계 ➡ 시계　　2) 워 ➡ ______

3) 의자 ➡ ______　　4) 요구 ➡ ______

5) 도끼 ➡ ______　　6) 사과 ➡ ______

04 아래에서 다음 단어를 찾으세요.

아빠 커피 코끼리 찌개 교회 돼지

파	뿌	아	빠	싸	개
교	꼬	피	보	찌	쓰
회	커	야	치	돼	지
타	까	호	코	끼	리

MP3

05 듣고 그림에 맞는 단어를 쓰세요.

06 읽으세요.

채소	따르다	후추	돼지	예의
조카	취하다	대포	허리	까치

제3과

한글(3)

- **학습 목표**
  - 한글의 받침을 읽고 쓸 수 있다.
  - 한글로 된 문장을 읽고 쓸 수 있다.

옷 별

받침

MP3_3-1

받침 글자	받침 소리	단어
ㄱ, ㄲ, ㅋ	[ㄱ]	국, 밖, 부엌
ㄴ	[ㄴ]	돈
ㄷ, ㅅ, ㅆ, ㅈ, ㅊ, ㅌ, ㅎ	[ㄷ]	듣다, 옷, 있다, 낮, 닻, 밑, 히읗
ㄹ	[ㄹ]	별
ㅁ	[ㅁ]	김치
ㅂ, ㅍ	[ㅂ]	집, 앞
ㅇ	[ㅇ]	공

받침 발음 한글에서는 모든 자음이 받침으로 쓰일 수 있으나 그 소리는 [ㄱ], [ㄴ], [ㄷ], [ㄹ], [ㅁ], [ㅂ], [ㅇ] 7가지로만 발음된다.

MP3 1 듣고 따라하세요.

국 밖 부엌 돈

듣다 옷 있다 낮 닻 밑 히읗

별 김치 집 앞 공

MP3 2 단어를 듣고 따라하세요.

	국		부엌
	돈		옷
	별		김치
	집		공

3 단어를 읽고 쓰세요.

쓰기 연습									
국	부	억	돈	옷	별	김	치	집	공

MP3 **4 듣고 맞는 것을 고르세요.**

1) ❶ 곤 ❷ 곡 ❸ 공
2) ❶ 짐 ❷ 집 ❸ 징
3) ❶ 올 ❷ 옴 ❸ 옷
4) ❶ 동 ❷ 돔 ❸ 돈
5) ❶ 굴 ❷ 국 ❸ 굽
6) ❶ 별 ❷ 변 ❸ 병

5 단어를 받침과 연결하여 쓰세요.

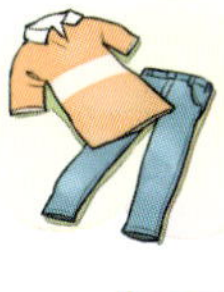   

벼	고	지	오
ㅂ	ㄹ	ㅅ	ㅇ
		옷	

MP3 **6 단어를 듣고 쓰세요.**

1) 돈　　2) ☐　　3) ☐　　4) ☐

5) ☐　　6) ☐　　7) ☐ 치　　8) ☐ 상

MP3 **7 듣고 연결하세요. 무슨 그림이에요?**

• 짐　• 공　• 옥

• 곰　• 별　• 집　• 동

• 돌　• 곡　• 병

• 돈　• 옷

MP3 **8 듣고 그림에 맞는 단어를 쓰세요.**

한국어에서 겹자음은 받침에만 존재한다. 어절 끝에 오거나 뒤에 자음이 오면 대표음 하나만 발음한다. 뒤에 모음이 오면 '앉아서 [안자서], 읽으세요 [일그세요]'처럼 두 자음을 이어서 다 발음한다.

겹받침

겹받침	대표 소리	예	발음
ㄳ	[ㄱ]	몫	[목]
ㄵ	[ㄴ]	앉다	[안따]
ㄶ	[ㄴ]	많다	[만타]
ㄺ	[ㄱ]	읽다	[익따]
ㄻ	[ㅁ]	젊다	[점따]
ㄼ	[ㄹ]/[ㅂ]	여덟/밟다	[여덜]/[밥따]
ㄽ	[ㄹ]	외곬	[외골]
ㄾ	[ㄹ]	핥다	[할따]
ㄿ	[ㅂ]	읊다	[읍따]
ㅀ	[ㄹ]	잃다	[일타]
ㅄ	[ㅂ]	없다	[업따]

한글 문장 연습

MP3_3-2

MP3

01 듣고 읽으세요.

- 아이하고 아빠가 이야기를 해요.
- 아빠가 의사예요.
- 아이는 학생이에요.

MP3

02 듣고 보기 에서 골라 빈칸에 쓰세요.

1) 옷 ________ 에 가요.

2) ________ 가 있어요.

3) ________ 도 있어요.

보기
바지
치마
가게

MP3

03 듣고 보기 에서 골라 빈칸에 쓰세요.

1) 영주 씨 ________ 이에요.
영주 씨가 밥을 먹어요.

2) ________ 이 맛있어요.

3) ________ 는 짜요.

4) ________ 는 매워요.

보기
국
찌개
집
김치

04 읽으세요.

MP3

05 듣고 읽으세요.

1) 쓰세요.
2) 들으세요.
3) 읽으세요.
4) 따라 하세요.
5) 감사합니다.
6) 죄송합니다.
7) 처음 뵙겠습니다.
8) 안녕히 가세요.
9) 안녕히 계세요.
10) 안녕히 주무세요.

MP3

06 듣고 쓰세요.

1) 감사합니다.

2)

3)

4)

MP3_4

제4과

제 이름은 유리예요

- **학습 목표** 한국어로 인사를 할 수 있다.
- **어휘** 안녕하다(안녕하세요), 네, 제, 이름, 저, 반갑다(반가워요)
  성과 이름 관련 어휘
- **문법** 이에요, 은
- **과제** 인사하고 이름 말하기
  인사하는 대화를 듣고 말하는 사람 이름 찾기
  인사 메시지를 읽고 인사하는 글쓰기

1. 사람들이 무엇을 해요?
2. 여러분 나라에서는 어떻게 인사해요?

MP3

유　리	안녕하세요?
슈테판	네, 안녕하세요?
유　리	제 이름은 유리예요.
슈테판	저는 슈테판이에요. 반가워요.

안녕하다 (안녕하세요)
EN to be well (hello)
JP 元気だ/無事だ (こんにちは)
CH 安好(你好)

네
EN yes
JP はい
CH 是

제
EN my
JP 私の
CH 我的

이름
EN name
JP 名前
CH 名字

저
EN I
JP 私
CH 我

반갑다 (반가워요)
EN to be glad to meet (Glad to meet you)
JP 嬉しい (会えて嬉しいです)
CH 高兴 (见到你很高兴)

슈테판이에요
[슈테파니에요]

어휘

성 김
이름 영주

성 이
이름 현준

성 와타나베
이름 유리

위와 같이 쓰고 말하세요.

성 ______________
이름 ______________

성 안
이름 성미

성 ______________
이름 ______________

문법

1 이에요/예요

- 제 책**이에요**.
- 이현준**이에요**.
- 저는 의사**예요**.
- 제 이름은 민수**예요**.

보기 와 같이 말하세요.

보기 마이클이에요.

1) 유리 ________________.
2) 샤오밍 ________________.
3) 김영주 ________________.
4) 이진희 ________________.
5) 박미경 ________________.

2 은/는

- 제 이름은 영주예요.
- 이것은 제 책이에요.
- 저는 학생이에요.
- 민준 씨는 한국 사람이에요.

보기 와 같이 말하세요.

과제 1 말하기

보기 와 같이 말하고 쓰세요.

보기

가: 안녕하세요?

나: 네, 안녕하세요? 저는 야마모토 유리예요.

가: 제 이름은 마이클 브라운이에요.

나: 반가워요.

가: 반가워요.

	성	이름
보기	브라운	마이클
친구 1		
친구 2		
친구 3		
친구 4		
친구 5		

문화

• 성과 이름

한국에서는 성을 앞에, 이름을 뒤에 쓴다. 보통 성은 한 글자, 이름은 두 글자이며 결혼해도 성이 바뀌지 않는다.

친구 EN friend JP 友達 CH 朋友

과제 2 듣고 말하기

MP3 **01** **듣고 맞는 답을 고르세요.**

1) ❶

❷

❸

❹

2) ❶ 저는 학생이에요. ❷ 제 이름은 마이클이에요. 반가워요.
❸ 안녕히 계세요. ❹ 안녕히 가세요.

MP3 **02** **듣고 질문에 대답하세요.**

1) 듣고 이름을 고르세요. (,   )

❶

❷

❸

❹

안녕히 가세요. EN Good-bye JP さようなら(去る人に言う「元気に行って下さい」) CH 慢走
안녕히 계세요. EN Good-bye JP さようなら(残る人に言う「元気でいらしてください」) CH 再见
회사원 EN company worker JP 会社員 CH 公司职员
학생 EN student JP 学生 CH 学生

2) 다시 듣고 ______ 에 알맞은 말을 넣으세요.

김영주: ______________?

슈테판: __________, 안녕하세요?

____

회사원이에요.

김영주: ______________________________

학생이에요.

슈테판: ______________.

김영주: 반가워요.

03

보기 와 같이 말하세요.

보기

안녕하세요?

제 이름은 마이클이에요.

학생이에요.

반가워요.

과제 3 읽고 쓰기

01 읽고 질문에 대답하세요.

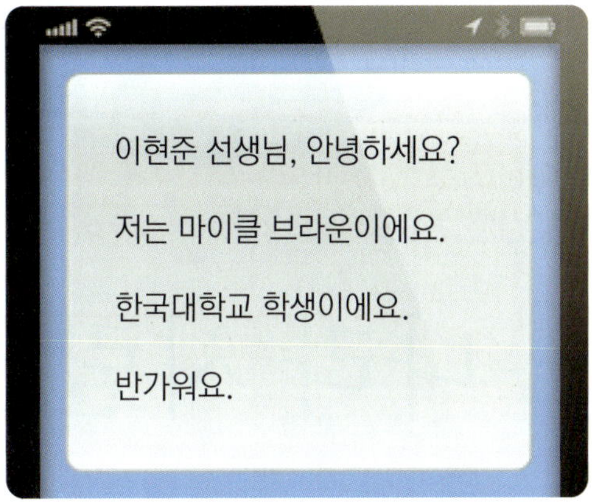

1) 성과 이름을 쓰세요.

❶ 제 이름
성 : ____________
이름 : ____________

❷ 선생님 이름
성 : ____________
이름 : ____________

2) 읽은 내용과 같으면 O, 다르면 X 하세요.

❶ 이현준 씨는 학생이에요. (　　)

❷ 현준 씨는 마이클 씨 친구예요. (　　)

02 위와 같이 쓰세요.

대학교 EN college / university JP 大学 CH 大学

MP3_5

제5과

어느 나라 사람이에요?

- **학습 목표** 국적을 묻고 대답할 수 있다.
- **어휘** 미국, 사람, 아니요, 어느, 나라, 독일
  나라 관련 어휘
- **문법** 이에요?, 이 아니에요
- **과제** 국적 묻고 대답하기
  국적에 대한 대화를 듣고 이야기하기
  자기 소개서를 읽고 자기 소개서 쓰기

1 지도에 어느 나라가 있어요?

2 어디에서 왔어요?

MP3

영　주	슈테판 씨, 미국 사람이에요?
슈테판	아니요, 미국 사람이 아니에요.
영　주	어느 나라 사람이에요?
슈테판	독일 사람이에요.

사람이에요 [사라미에요]
독일 [도길]

미국
EN United States of America
JP アメリカ
CH 美国

사람
EN person
JP 人
CH 人

아니요
EN no
JP いいえ
CH 不

어느
EN which
JP どの
CH 哪个

나라
EN country
JP 国
CH 国家

독일
EN Germany
JP ドイツ
CH 德国

어휘

	한국	일본	중국	미국	영국	프랑스	호주	브라질
EN	Korea	Japan	China	USA	England	France	Australia	Brazil
JP	韓国	日本	中国	アメリカ	イギリス	フランス	オーストラリア	ブラジル
CH	韩国	日本	中国	美国	英国	法国	澳大利亚	巴西

보기 와 같이 쓰세요.

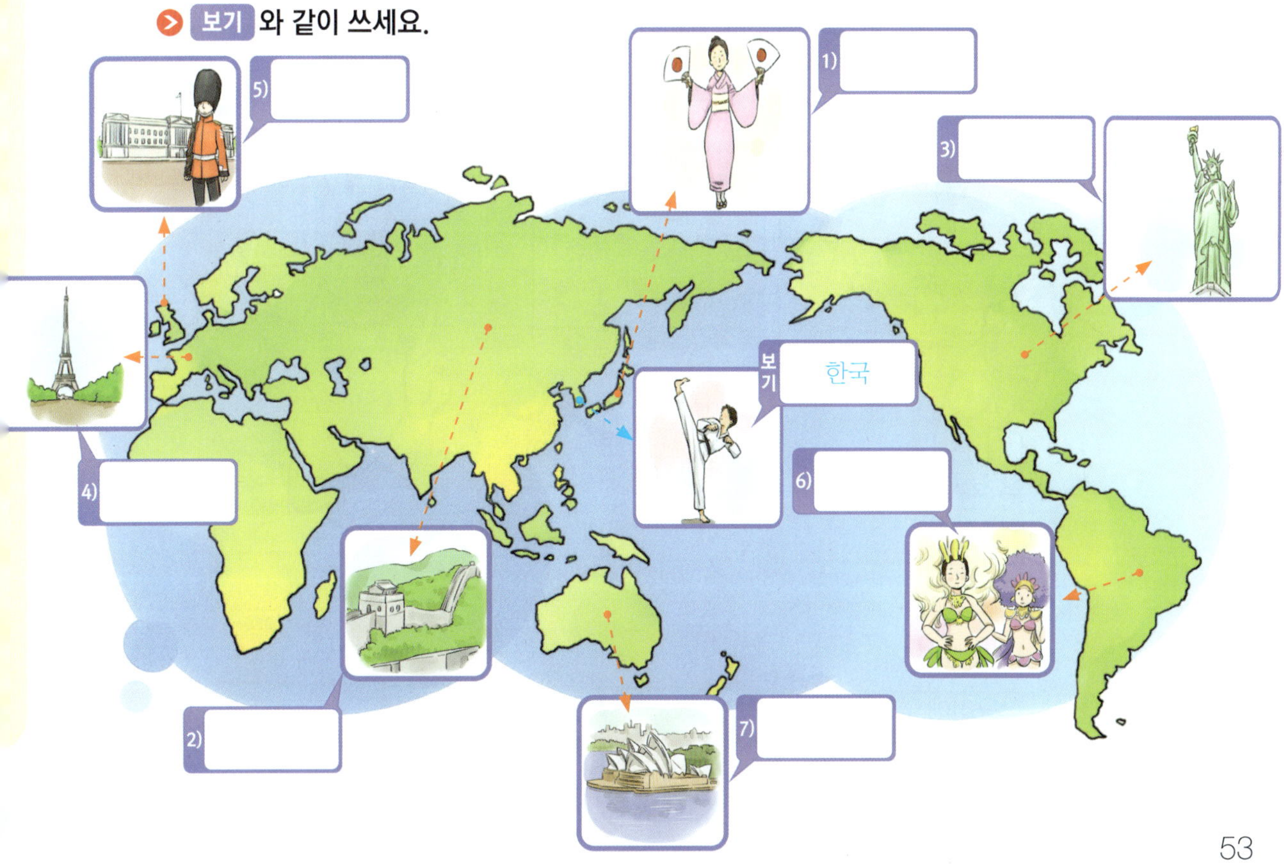

문법

1 이에요/예요?

- 오늘이 며칠**이에요**?
- 어느 나라 사람**이에요**?
- 이름이 뭐**예요**?
- 저 사람이 샤오밍 씨**예요**?

보기 와 같이 말하세요.

보기

가: 한국이에요?

나: 네, 한국이에요.

2 이/가 아니에요

- 저는 일본 사람**이 아니에요.**
- 린다 씨는 선생님**이 아니에요.**
- 이것은 교과서**가 아니에요.**
- 존슨 씨는 의사**가 아니에요.**

보기 와 같이 말하세요.

보기

영　주: 슈테판 씨예요?

샤오밍: 아니요, 슈테판 씨가 아니에요.

1) 영　주: 프랑스 사람이에요?
　샤오밍: 아니요, 프랑스 사람__________.

2) 영　주: 마리아 씨예요?
　샤오밍: 아니요, 마리아 씨__________.

3) 영　주: 선생님이에요?
　샤오밍: 아니요, __________.

4) 영　주: 엔지 씨예요?
　샤오밍: __________.

5) 영　주: 영국 사람이에요?
　샤오밍: __________.

과제 1 말하기

보기 와 같이 말하세요.

> 보기
>
> 가: 유리 씨, 중국 사람이에요?
>
> 나: 아니요, 중국 사람이 아니에요.
>
> 가: 한국 사람이에요?
>
> 나: 아니요, 한국 사람이 아니에요.
>
> 가: 어느 나라 사람이에요?
>
> 나: 일본 사람이에요.

친구	보기 유리				
국적	일본				

국적 EN nationality JP 国籍 CH 国籍

과제 2 듣고 말하기

MP3

01 듣고 맞는 그림을 고르세요.

1) ❶  ❷  ❸  ❹ 

2) ❶  ❷  ❸  ❹ 

MP3

02 듣고 질문에 대답하세요.

1) 누가 영국 사람이에요?

❶ 신디 ❷ 진이 ❸ 유유 ❹ 유이

2) 들은 내용과 같으면 O, 다르면 X 하세요.

❶ 남자 이름은 유유가 아니에요. ( )

❷ 여자는 미국 사람이에요. ( )

03 보기 와 같이 말하세요.

보기

제 친구 이름은 해리예요. 해리는 미국 사람이 아니에요. 영국 사람이에요.

누가 EN who JP 誰が CH 谁

남자 EN man JP 男 CH 男

여자 EN woman JP 女 CH 女

과제 3 읽고 쓰기

01 **읽고 질문에 대답하세요.**

> 안녕하세요? 반가워요.
> 제 이름은 와타나베 나오코예요.
> 저는 일본 도쿄에서 왔어요.
> 한국대학교 학생이에요.
> 그리고 일본어 선생님이에요.

1) 이름이 뭐예요?

____

2) 어디에서 왔어요?

____

3) 읽은 내용과 같으면 O, 다르면 X 하세요.

❶ 나오코 씨는 한국 사람이 아니에요. (   )

❷ 나오코 씨는 회사원이에요. (   )

어디 EN where JP どこ CH 哪里
에서 EN from JP から CH 从
오다 (왔어요) EN to come (came) JP 来る(来ました) CH 来('왔어요'是'오다'的过去时)
그리고 EN and JP そして CH 还有
일본어 EN Japanese language JP 日本語 CH 日语

02

위와 같이 쓰고 말하세요.

안녕하세요?

MP3_6

제6과

이것이 마이클 씨 책이에요?

- **학습 목표** 가지고 있는 물건의 이름을 말할 수 있다.
- **어휘** 이것, 책, 저것, 뭐, 사전
  물건 관련 어휘
- **문법** 이, 이/그/저
- **과제** 물건 이름을 묻고 대답하기
  물건에 대한 대화를 듣고 쓰기
  글을 읽고 가지고 있는 물건에 대해 이야기하기

1 그림에 있는 물건 이름을 알아요? 말해 보세요.
2 여러분은 무엇을 가지고 있어요?

MP3

영 주	이것이 마이클 씨 책이에요?
마이클	네, 제 책이에요.
영 주	저것은 뭐예요?
마이클	저것은 제 사전이에요.

이것
EN this (thing)
JP これ
CH 这个

책
EN book
JP 本
CH 书

저것
EN that (thing)
JP あれ
CH 那个

뭐
EN what
JP 何
CH 什么

사전
EN dictionary
JP 辞書
CH 词典

이것이 [이거시]
책이에요 [채기에요]

어휘

가방
EN bag
JP カバン
CH 书包

책
EN book
JP 本
CH 书

공책
EN notebook
JP ノート
CH 笔记本

지갑
EN wallet
JP 財布
CH 钱包

휴지
EN tissue
JP ティッシュ
CH 纸巾

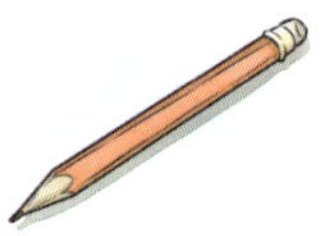

연필
EN pencil
JP 鉛筆
CH 铅笔

볼펜
EN pen
JP ボールペン
CH 圆珠笔

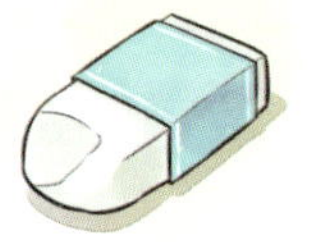

지우개
EN eraser
JP 消しゴム
CH 橡皮

보기 와 같이 쓰세요.

문법

1 이/가

- 이것**이** 책이에요.
- 친구**가** 한국 사람이에요.
- 누**가** 유리 씨예요?
- 제**가** 유리예요.

보기 와 같이 말하세요.

보기 누가 독일 사람이에요?

1) 누가 회사원이에요?
2) 누가 여학생이에요?
3) 누가 한국 사람이에요?
4) 누가 미국에서 왔어요?
5) 누가 일본 사람이에요?

보기

가: 누가 독일 사람이에요?

나: 슈테판이 독일 사람이에요.

2 이/그/저

- **이 책**이 제 책이에요.
- **그것**은 교과서가 아니에요.
- **그 사람**은 미국 사람이에요?
- **저것**이 우리 학교예요.

보기 와 같이 말하세요.

보기

유리: 이것이 뭐예요?

영주: 그것이 볼펜이에요.

과제 1 말하기

보기 와 같이 말하세요.

보기

가: 이것이 마이클 씨 지우개예요?

나: 네, 제 지우개예요.

가: 그것은 뭐예요?

나: 이것은 제 여자 친구 사진이에요.

가: 저것은 뭐예요?

나: 저것은 샤오밍 씨 휴대 전화예요.

친구	물건
보기 마이클	마이클 씨 지우개
	마이클 씨 여자 친구 사진
	샤오밍 씨 휴대 전화

사진 EN photograph JP 写真 CH 照片 휴대 전화 EN cellphone JP 携帯電話 CH 手机

과제 2 듣고 쓰기

MP3

01 듣고 맞는 답을 고르세요.

1) ❶ 아니요, 영주 씨 가방이에요. ❷ 네, 제 가방이에요.
❸ 아니요, 저것이 영주 씨 지갑이에요. ❹ 네, 저것이 영주 씨 지갑이에요.

2) ❶ 네, 이것이 볼펜이에요. ❷ 아니요, 이것이 볼펜이 아니에요.
❸ 네, 저것이 볼펜이에요. ❹ 아니요, 저것이 볼펜이에요.

MP3

02 듣고 질문에 대답하세요.

1) 마이클 씨는 무엇이 있어요?

______________________, ______________________

2) 샤오밍 씨는 무엇이 있어요?

____

03 보기 와 같이 쓰세요.

보기

저는 지갑이 있어요. 필통이 있어요. 그리고 휴대 전화가 있어요.

____

____

____

무엇 EN what JP 何 CH 什么

필통 EN pencil case JP ペンケース CH 笔筒

있다 (있어요) EN to have JP ある(あります) CH 有、在

과제 3 읽고 말하기

01 **읽고 질문에 대답하세요.**

저는 마이클이에요.
저는 가방이 있어요.
이것이 제 가방이에요.
그리고 교과서가 있어요.
저것이 제 교과서예요.
저는 사전이 없어요.
제 친구는 사전이 있어요.
그 사전은 한국어 사전이에요.

1) 마이클 씨는 무엇이 있어요? 고르세요. (　　　,　　　)

❶ 가방　　❷ 사전　　❸ 교과서　　❹ 지갑

2) 친구는 무엇이 있어요? 쓰세요.

____

3) 읽은 내용과 같으면 O, 다르면 X 하세요.

❶ 마이클 씨는 교과서가 있어요. (　　)
❷ 마이클 씨는 사전이 있어요. (　　)
❸ 친구 사전이 한국어 사전이에요. (　　)

교과서 EN textbook JP 教科書 CH 教科书
한국어 EN Korean language JP 韓国語 CH 韩语
없다 (없어요) EN to not have JP ない(ありません) CH 没有

02 보기 와 같이 말하세요.

보기

가: 지갑이 있어요?

나: 네, 지갑이 있어요. 이것이 제 지갑이에요.

가: 지우개가 있어요?

나: 아니요, 없어요.

지갑	지우개	책
휴지	공책	연필
휴대 전화	가방	

MP3_7

제 7 과

일본 사람도 있어요

- **학습 목표** 사물이나 사람이 어디에 있는지 묻고 대답할 수 있다.
- **어휘** 교실, 몇, 명, 세
  장소 관련 어휘
  수 관련 어휘1
- **문법** 에 있다(에 있어요), 도
- **과제** 몇 개/몇 명 있는지 묻고 답하기
  누가 어디에 있는지 듣고 말하기
  집 근처에 무엇이 있는지 읽고 쓰기

1. 이 그림에 무엇이 있어요?
2. 여러분 가방에 무엇이 있어요?

MP3

영 주	그 교실에 중국 사람이 있어요?
마이클	네, 있어요. 일본 사람도 있어요.
영 주	일본 사람이 몇 명 있어요?
마이클	세 명 있어요.

교실
EN classroom
JP 教室
CH 教室

몇
EN how many
JP 何
CH 几

명
EN number of people
JP 名
CH 名

세
EN three
JP 三
CH 三

몇 명 [면명]
있어요 [이써요]

어휘

학교
EN school
JP 学校
CH 学校

도서관
EN library
JP 図書館
CH 图书馆

사무실
EN office
JP 事務室
CH 办公室

화장실
EN bathroom
JP 化粧室(トイレ)
CH 洗手间

은행
EN bank
JP 銀行
CH 银行

식당
EN restaurant
JP 食堂
CH 餐馆

서점
EN bookstore
JP 書店
CH 书店

공원
EN park
JP 公園
CH 公园

보기 와 같이 쓰세요.

하나 | 한 명

둘 | 두 명

셋 | 세 명

넷 | 네 명

다섯 | 다섯 명

여섯 | 여섯 명

일곱 | 일곱 명

여덟 | 여덟 명

아홉 | 아홉 명

열 | 열 명

다음을 연결하세요.

보기	7	둘		______ 명
1)	2	다섯		______ 명
2)	5	일곱		______ 명
3)	1	하나		일곱 명

문법

1 에 있다(에 있어요)

- 영주가 교실에 있어요.
- 지갑이 가방에 있어요.
- 상하이가 중국에 있어요.
- 은행이 어디에 있어요?

보기 와 같이 말하세요.

보기
가: 마이클이 어디에 있어요?
나: 서점에 있어요.

①
가: 진희가 어디에 있어요?
나: 1)＿＿＿＿＿＿＿＿

②
가: 영주가 2)＿＿＿＿＿＿?
나: 식당에 있어요.

③
가: 샤오밍이 어디에 있어요?
나: 3)＿＿＿＿＿＿＿＿
가: 슈테판이 4)＿＿＿＿＿＿?
나: 화장실에 있어요.
가: 유리가 5)＿＿＿＿＿＿?
나: 6)＿＿＿＿＿＿＿＿

2 도

- 연필이 있어요. 볼펜도 있어요.
- 학생회관에 은행이 있어요. 식당도 있어요.
- 샤오밍 씨는 회사원이에요. 슈테판 씨도 회사원이에요.
- 마이클 씨는 미국 사람이에요. 제임스 씨도 미국 사람이에요.

대화를 만드세요.

영주: 수지 씨가 회사원이에요?
유리: 네, 회사원이에요.
영주: 샤오밍 씨도 회사원이에요?
유리: 네, 1)________________.

영주: 이것이 유리 씨 책이에요?
유리: 네, 제 책이에요.
영주: 2)________________?
유리: 네, 3)________________.

영주: 유리 씨, 연필이 있어요?
유리: 네, 있어요.
영주: 4)________________?
유리: 네, 5)________________.

과제 1 말하기

01 보기 와 같이 말하세요.

보기

가: 방에 책상이 몇 개 있어요?
나: 한 개 있어요.
가: 의자도 있어요?
나: 네, 있어요.
가: 의자가 몇 개 있어요?
나: 두 개 있어요.

①

②

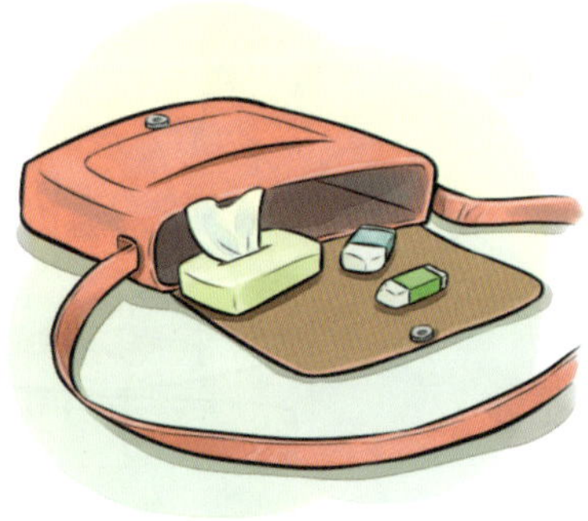

③

④

방 EN room JP 部屋 CH 房间
책상 EN desk JP 机 CH 书桌
개 EN piece / unit JP 個 CH 个
의자 EN chair JP 椅子 CH 椅子

과제 2 듣고 말하기

MP3

01 듣고 맞는 답을 고르세요.

1) ❶ 교실에 있어요. ❷ 두 명 있어요.
❸ 네, 있어요. ❹ 모두 한국 사람이에요.

2) ❶ ❷ ❸ ❹

MP3

02 듣고 질문에 대답하세요.

1) 식당에 누가 있어요? 쓰세요.

____

2) 들은 내용과 같으면 O, 다르면 X 하세요.

❶ 학교에 식당이 있어요. ( )
❷ 샤오밍 씨는 서점에 있어요. ( )

03 보기 와 같이 말하세요.

보기

가: 슈테판 씨가 교실에 있어요?
나: 네, 있어요.
가: 유리 씨도 거기에 있어요?
나: 아니요, 없어요.
가: 유리 씨는 어디에 있어요?
나: 사무실에 있어요.

모두 EN everyone JP 全部 CH 全、都 거기 EN there JP そこ CH 那里

과제 3 읽고 쓰기

01 **읽고 질문에 대답하세요.**

우리 집 근처에 은행이 있어요.
서점도 있어요.
식당도 있어요.
거기에 영화관은 없어요.
영화관은 학교 근처에 있어요.

1) 집 근처에 무엇이 있어요?

____

2) 영화관이 어디에 있어요?

____

3) 읽은 내용과 같으면 O, 다르면 X 하세요.

❶ 서점은 은행 근처에 있어요. (　　)
❷ 집 근처에 학교가 있어요. (　　)
❸ 은행 근처에 영화관이 있어요. (　　)

우리 EN our JP わたしたち CH 我们
근처 EN near JP 近所 CH 附近
집 EN house JP 家 CH 家
영화관 EN movie theater JP 映画館 CH 电影院

02 위와 같이 쓰고 말하세요.

MP3_8

제8과

동생은 무엇을 해요?

- **학습 목표** 가족을 소개할 수 있다.
- **어휘** 가족, 아버지, 어머니, 동생, 하다, 공부하다
  가족 관련 어휘
  동사
- **문법** -어요[1], 을
- **과제** 가족 관계 묻고 답하기
  가족 소개 듣고 자기 가족 소개하기
  가족 소개 블로그 읽고 가족 소개하는 블로그 만들기

1 사진에 누가 있어요?

2 여러분 가족은 몇 명이에요?

MP3

마이클	가족이 몇 명이에요?
샤오밍	아버지, 어머니, 동생, 저 모두 네 명이에요.
마이클	동생은 무엇을 해요?
샤오밍	일본어를 공부해요.

무엇을 [무어슬]

가족
EN family
JP 家族
CH 家人

아버지
EN father
JP お父さん
CH 爸爸

어머니
EN mother
JP お母さん
CH 妈妈

동생
EN younger brother or sister
JP 弟(妹)
CH 弟弟 (妹妹)

하다
EN to do
JP する
CH 做

공부하다
EN to study
JP 勉強する
CH 学习

어휘

가족

보기 와 같이 쓰세요.

먹다
- EN to eat
- JP 食べる
- CH 吃

읽다
- EN to read
- JP 読む
- CH 读

사다
- EN to buy
- JP 買う
- CH 买

보다
- EN to see/to look/to watch
- JP 見る
- CH 看

주다
- EN to give
- JP あげる
- CH 给

마시다
- EN to drink
- JP 飲む
- CH 喝

쓰다
- EN to write
- JP 書く
- CH 写

일하다
- EN to work
- JP 働く
- CH 工作

보기 와 같이 쓰세요.

보기 먹다

1) ________

2) ________

3) ________

4) ________

5) ________

문법

1 -어요/아요/여요[1]

-아요	ㅏ	작다	작+아요 → **작아요**	이 옷이 좀 **작아요.**
		사다	사+아요 → 사아요 → **사요**	시장에서 물건을 **사요.**
	ㅗ	좋다	좋+아요 → **좋아요**	오늘 날씨가 **좋아요?**
		보다	보+아요 → 보아요 → **봐요**	텔레비전을 **봐요.**
	ㅡ	바쁘다	바쁘+아요 → 바쁘아요 → **바빠요**	선생님이 **바빠요.**
-어요	ㅓ	먹다	먹+어요 → **먹어요**	날마다 김치를 **먹어요.**
		서다	서+어요 → 서어요 → **서요**	버스가 정류장에 **서요.**
	ㅜ	웃다	웃+어요 → **웃어요**	유리 씨는 잘 **웃어요.**
		배우다	배우+어요 → 배우어요 → **배워요**	한국어를 **배워요.**
	ㅣ	있다	있+어요 → **있어요**	가방에 무엇이 **있어요?**
		마시다	마시+어요 → 마시어요 → **마셔요**	커피를 **마셔요.**
	ㅡ	만들다	만들+어요 → **만들어요**	무엇을 **만들어요?**
		크다	크+어요 → 크어요 → **커요**	그 사람은 키가 **커요.**
-여요	하	일하다	일하+여요 → 일하여요 → **일해요**	어디에서 **일해요?**

보기 와 같이 말하세요.

보기		➡	먹어요.
1)		➡	
2)		➡	
3)		➡	
4)		➡	
5)		➡	

2 을/를

- 친구가 책을 읽어요.
- 점심에 김밥을 먹어요.
- 저는 한국어를 공부해요.
- 마이클 씨는 커피를 마셔요.

보기 와 같이 말하세요.

보기

가: 유리가 무엇을 사요?

나: 유리가 연필을 사요.

과제 1 말하기

보기 와 같이 말하고 쓰세요.

보기

가: 유리 씨, 가족이 몇 명이에요?

나: 어머니, 언니, 저 모두 세 명이에요.

가: 어머니는 무엇을 해요?

나: 회사원이에요.

가: 언니는 무엇을 해요?

나: 영어를 가르쳐요.

친구	가족 수	가족	하는 일
보기 유리	3	어머니, 언니, 유리	어머니 - 회사원 언니 - 선생님

문화

• 가족 호칭

한국에서는 가족이 아닌 사람에게도 가족 호칭을 사용한다. 예를 들면, 친한 경우 여성이 자기보다 나이가 많은 사람을 '언니' 또는 '오빠'라고 부를 수 있다. 또한 친구의 어머니를 '어머니'라고 부르기도 한다.

영어 EN English JP 英語 CH 英语

가르치다 EN to teach JP 教える CH 教

과제 2 듣고 말하기

MP3
01 듣고 맞는 답을 고르세요.

1) ❶ 여섯 명이에요. ❷ 네, 네 명이에요.
❸ 아버지, 어머니예요. ❹ 네, 모두 가족이에요.

2) ❶ 브라질 사람이에요. ❷ 한국어를 공부해요.
❸ 학생이 있어요. ❹ 네, 친구를 기다려요.

MP3
02 듣고 질문에 대답하세요.

1) 슈테판 씨는 가족이 몇 명이에요?

________ 명

2) 들은 내용과 같으면 O, 다르면 X 하세요.

❶ 슈테판 씨 가족은 모두 독일에 있어요. ( )
❷ 슈테판 씨 어머니는 한국어를 가르쳐요. ( )
❸ 슈테판 씨 동생은 학생이 아니에요. ( )

03 보기 와 같이 말하세요.

보기
우리 가족은 네 명이에요.
아버지는 선생님이에요. 어머니는 회사원이에요.
부모님은 일본에 계세요.
그리고 저는 형이 한 명 있어요.
형은 미국에 있어요. 형은 영어를 배워요.

기다리다 EN to wait JP 待つ CH 等
배우다 EN to learn JP 学ぶ/習う CH 学习
계시다 (계세요) EN to be (honorific) JP いらっしゃる(いらっしゃいます) CH 在(敬语)

과제 3 읽고 쓰기

01 읽고 질문에 대답하세요.

blog | 일상생활 | 갖고 싶은 것 | 사진첩

나오코 (nok1004)

나오코의 블로그

제 블로그에 오신 것을 환영합니다!

안녕하세요?
이것은 우리 가족사진이에요.
언니는 커피를 마셔요.
남동생은 과자를 먹어요.
저는 책을 읽어요. 저는 책을 좋아해요.
영화도 좋아해요.
저는 여동생도 있어요. 하지만 여동생은 이 사진에 없어요. 여동생은 집에 있어요.
부모님도 집에 계세요.

1) 누구예요? 쓰세요.

❶	나오코
❷	
❸	

2) 나오코 씨 가족은 남자, 여자가 몇 명이에요?

남자: ________ 명, 여자: ________ 명

3) 읽은 내용과 같으면 O, 다르면 X 하세요.

❶ 나오코 씨 가족은 모두 공원에 있어요. (   )

❷ 나오코 씨는 영화를 좋아해요. (   )

❸ 나오코 씨는 동생이 두 명이에요. (   )

커피 EN coffee JP コーヒー CH 咖啡
좋아하다 EN to like JP 好きだ CH 喜欢
하지만 EN but / however JP しかし CH 但是
과자 EN cookie JP 菓子 CH 零食
영화 EN movie JP 映画 CH 电影

02 위와 같이 만드세요.

blog | 일상생활 | 갖고 싶은 것 | 사진첩

Photo

의 블로그

제 블로그에 오신 것을 환영합니다!

프로필 ▸ 쪽지 ▸ 이웃추가 ▸

POWER blog POWER BLOG

이웃 블로그

- 김영주의 블로그
- 샤오밍의 블로그
- 마이클의 블로그
- 유리의 블로그
- 유키의 블로그
- 박민수의 블로그

안녕하세요?

MP3_19

제9과

경치가 아름다워요

- **학습 목표** 고향을 소개할 수 있다.
- **어휘** 고향, 제주도, 어떻다(어때요), 경치, 아름답다, 춥다
  형용사
- **문법** -지 않다, ㅂ동사
- **과제** 친구와 고향 이야기를 하고 친구 고향 소개하기
  고향 소개 듣고 고향에 대해 이야기하기
  고향 소개 안내서를 읽고 고향을 소개하는 글쓰기

1 여러분은 어디에서 왔어요?

2 고향에 무엇이 많아요?

MP3

샤오밍	영주 씨, 고향이 어디예요?
영 주	제주도예요.
샤오밍	제주도는 어때요?
영 주	경치가 아름다워요. 그리고 춥지 않아요.

춥지 [춥찌]
않아요 [아나요]

고향
EN hometown
JP 故郷
CH 故乡

제주도
EN Jeju Island
JP 済州島
CH 济州岛

어떻다 (어때요)
EN to be how (How is it?)
JP どうである(どうですか)
CH 怎么样

경치
EN scenery
JP 景色
CH 风景

아름답다
EN to be beautiful
JP 美しい
CH 美丽

춥다
EN to be cold
JP 寒い
CH 冷

어휘

많다
EN to be many
JP 多い
CH 多

크다
EN to be big
JP 大きい
CH 大

재미있다
EN to be fun
JP 面白い
CH 有意思

좋다
EN to be good
JP 良い
CH 好

예쁘다
EN to be pretty
JP かわいい/きれいだ
CH 漂亮

바쁘다
EN to be busy
JP 忙しい
CH 忙

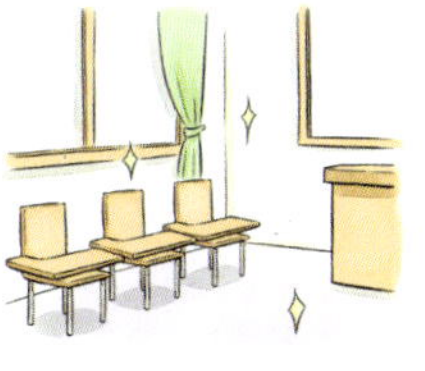

깨끗하다
EN to be clean
JP 清潔だ/きれいだ
CH 干净

보기 와 같이 말하세요.

누가 친구가 많아요?
누가 예뻐요?
무엇이 많아요?

누가 커요?
누가 바빠요?
무엇이 좋아요?
무엇이 재미있어요?

누가 좋아요?
누가 재미있어요?
무엇이 깨끗해요?

보기

가: 누가 재미있어요?

나: 마이클 씨가 재미있어요.

문법

1 -지 않다

- 저는 김치를 먹지 **않아요.**
- 그 사람은 운동을 좋아하지 **않아요.**
- 공원에 사람이 많지 **않아요.**
- 슈테판 씨는 바쁘지 **않아요.**

보기 와 같이 말하세요.

보기

샤오밍: 마이클 씨가 바빠요?

유 리: 아니요, 바쁘지 않아요.

2 ㅂ동사

- 날씨가 **추워요.**
- 한국 음식이 **매워요.**
- 우리 고향이 **아름다워요.**
- 친구를 **도와요.**

고향 친구와 마이클 씨가 문자 메시지로 이야기해요. 다음 어휘를 사용해서 이야기하세요.

보기 **덥다**

1) **춥다**

2) **아름답다**

3) **맵다**

4) **어렵다**

5) **가깝다**

덥다 EN to be hot JP 暑い CH 热	**춥다** EN to be cold JP 寒い CH 冷
아름답다 EN to be beautiful JP 美しい CH 美丽	**맵다** EN to be spicy JP 辛い CH 辣
어렵다 EN to be difficult JP 難しい CH 难	**가깝다** EN to be near JP 近い CH 近

과제 1 말하기

친구하고 이야기하고 친구 고향을 소개하세요.

보기 1

가: 유리 씨, 고향이 어디예요?

나: 일본 후쿠오카예요.

가: 후쿠오카 날씨는 어때요?

나: 날씨가 좋아요. 춥지 않아요.
공기도 깨끗해요.

가: 바다가 아름다워요?

나: 네, 바다가 아름다워요. 산도 아름다워요.

- 친구 고향: 후쿠오카
- 날씨: 좋다, 춥지 않다
- 공기: 깨끗하다
- 아름답다: 바다, 산

보기 2

유리 씨 고향은 일본 후쿠오카예요.
유리 씨 고향은 날씨가 좋아요.
춥지 않아요. 공기도 깨끗해요.
그리고 바다가 아름다워요. 산도 아름다워요.

- 친구 고향 :
- 날씨 :
- 공기 :
- 아름답다 :
- 좋다 :

날씨 EN weather JP 天気 CH 天气
바다 EN ocean/sea JP 海 CH 海
공기 EN air JP 空気 CH 空气
산 EN mountain JP 山 CH 山

과제 2 듣고 말하기

MP3

01 듣고 맞는 답을 고르세요.

1) ❶ 바빠요. ❷ 어려워요.
❸ 아름다워요. ❹ 많아요.

2) ❶ 아니요, 사람이 많지 않아요. ❷ 아니요, 덥지 않아요.
❸ 아니요, 공기가 좋지 않아요. ❹ 아니요, 춥지 않아요.

MP3

02 듣고 질문에 대답하세요.

1) 샤오밍 씨 고향은 무엇이 유명해요?

❶ 바다 ❷ 경치 ❸ 맥주 ❹ 공원

2) 들은 내용과 같으면 O, 다르면 X 하세요.

❶ 샤오밍 씨 고향에 바다가 있어요. ( )
❷ 샤오밍 씨 고향은 산이 많아요. ( )

03 고향에 대해 이야기하세요. 다른 사람들은 친구 고향이 어디인지 맞혀 보세요.

저는 중국 사람이에요.
제 고향에는 바다가 있어요.
바다가 아름다워요.
공원도 있어요.
맥주가 유명해요.

맥주 EN beer JP ビール CH 啤酒 **유명하다** EN to be famous JP 有名だ CH 有名

과제 3 읽고 쓰기

01 **읽고 질문에 대답하세요.**

좋아요, 여기는 제주도!!

- 바다가 아름다워요.
- 산도 아름다워요.
- 공기도 깨끗해요.
- 날씨도 좋아요. 춥지 않아요.
- 사람들도 친절해요.
- 어서 오세요. 여기는 제주도!!

1) 여기가 어디예요?

____

2) 제주도 날씨가 어때요?

____

3) 읽은 내용과 같으면 O, 다르면 X 하세요.

❶ 제주도에 산이 있어요. (　　)

❷ 제주도는 공기가 좋아요. (　　)

여기 EN here JP ここ CH 这儿

친절하다 EN to be kind JP 親切だ CH 亲切

-들 EN plural suffix JP 一達 CH -们

어서 오세요 EN Welcome JP いらっしゃい、ようこそ CH 欢迎光临

02 위와 같이 쓰세요.

(제목) ________________

MP3_10

제 10 과

불고기를 먹을까요?

- 학습 목표 메뉴를 보고 음식 이름을 말할 수 있다.
- 어휘 무슨, 음식, 맛있다, 불고기, 그럼
  한국 음식 관련 어휘
- 문법 –을까요?, –어요^2
- 과제 메뉴 보고 음식 말하기
  식당 소개 듣고 좋아하는 식당에 대해서 쓰기
  다양한 식당 소개 읽고 식당과 음식 결정하기

1 어느 식당에 자주 가요?

2 무슨 음식을 좋아해요?

MP3

샤오밍 이 식당은 무슨 음식이 맛있어요?

영 주 불고기가 맛있어요.

샤오밍 그럼 불고기를 먹을까요?

영 주 좋아요. 불고기를 먹어요.

무슨
EN what
JP 何の
CH 什么 (+名词)

음식
EN food
JP 食べ物
CH 菜

맛있다
EN to taste good
JP 美味しい
CH 好吃

불고기
EN bulgogi
JP プルコギ
CH 烤肉

그럼
EN then
JP では
CH 那么

맛있어요 [마디써요/마시써요]
좋아요 [조아요]

어휘

불고기
EN bulgogi
JP プルコギ
CH 烤肉

삼겹살
EN Korean-style bacon
JP サムギョプサル
CH 五花肉

김치찌개
EN kimchi stew
JP キムチチゲ
CH 泡菜汤

된장찌개
EN bean-paste potstew
JP テンジャンチゲ
CH 大酱汤

삼계탕
EN chicken ginseng soup
JP サムゲタン
CH 参鸡汤

비빔밥
EN bibimbab
JP ビビンバ
CH 拌饭

냉면
EN naengmyeon
JP 冷麺
CH 冷面

김밥
EN kimbab
JP 海苔巻き
CH 紫菜包饭

가족이 무엇을 먹어요? 쓰세요.

보기 나: 비빔밥

1) 아버지: ____________

2) 어머니: ____________

3) 형: ____________

4) 동생: ____________

5) 가족 모두: ____________

문법

1 -을까요/ㄹ까요?

- 책을 읽**을까요**?
- 점심을 같이 먹**을까요**?
- 내일 만날**까요**?
- 무슨 영화를 볼**까요**?

보기 와 같이 말하세요.

보기

1)

2)

3)

4)

5)

보기

가: 김밥을 먹을까요?

나: 네, 좋아요.

2 -어요/아요/여요²

- 우리 다 같이 **만나요**.
- 우리 한국 영화를 **봐요**.
- 점심을 같이 먹**어요**.
- 같이 한국말을 공부**해요**.

데이트를 해요. 보기 와 같이 말하세요.

보기 →

1) →

2) →

3) →

4) →

5)

보기

가: 영화를 볼까요?

나: 네, 좋아요. 영화를 봐요.

과제 1 말하기

보기 와 같이 말하고 쓰세요.

음식	음료

보기

가: 마이클 씨, 무슨 음식이 좋아요?

나: 저는 불고기가 좋아요. 무슨 음식을 좋아해요?

가: 저도 불고기를 좋아해요.

나: 그럼 우리 불고기를 먹을까요?

가: 좋아요. 같이 불고기를 먹어요. 그리고 커피도 마셔요.

친구	보기 마이클			
음식	불고기			
음료	커피			

스파게티 EN spaghetti JP スパゲティ CH 意大利面
음료 EN drink JP 飲み物 CH 饮料
콜라 EN cola JP コーラ CH 可乐
같이 EN together JP 一緒に CH 一起
피자 EN pizza JP ピザ CH 比萨饼
주스 EN juice JP ジュース CH 果汁
사이다 EN clear soda JP サイダー CH 汽水

과제 2 듣고 쓰기

MP3

01 **듣고 맞는 답을 고르세요.**

1) ❶ 김밥을 먹어요. ❷ 네, 김밥을 먹어요.
❸ 좋아요. 그것을 먹어요. ❹ 네, 무엇을 먹을까요?

2) ❶ 주스를 마셔요. ❷ 오렌지 주스를 마셔요.
❸ 네, 주스를 마셔요. ❹ 네, 오렌지 주스를 마셔요.

MP3

02 **듣고 질문에 대답하세요.**

1) 서울 식당은 어때요? 맞는 것에 ○ 하세요.

사람이 많아요. 종업원이 친절해요.
음식이 맛있어요. 우리 집 근처에 있어요.
나는 이 식당이 좋아요.

2) 서울 식당에는 무슨 음식이 있어요? ○ 하세요.

삼계탕 삼겹살 김밥 김치찌개 불고기 비빔밥 냉면 된장찌개

03 **보기 와 같이 쓰고 말하세요.**

보기 나는 예림 식당이 좋아요. 그 식당은 명동에 있어요. 음식이 맛있어요. 그리고 커요.
예림 식당에는 된장찌개, 김치찌개가 있어요. 비빔밥도 있어요. 하지만 냉면은 없어요.

나는 ______________ 식당이 좋아요.
그 식당은 ______________________________
____

오렌지 EN orange JP オレンジ CH 橙子　　종업원 EN employee JP 従業員 CH 雇员、服务员

과제 3 읽고 말하기

01 **읽고 질문에 대답하세요.**

우리 집 근처에 식당이 많아요.
'맛나 식당'에는 삼계탕, 비빔밥, 냉면이 있어요. 김치찌개, 된장찌개는 없어요. 이 식당은 음식이 맛있어요.
'가나 식당'에는 김밥, 라면, 떡볶이가 있어요. 여기는 학생이 많아요.
'이탈리아나'에는 스파게티, 피자가 맛있어요. 저는 이 식당 피자를 좋아해요. 여기에는 맥주, 주스, 커피도 있어요.

1) 식당이 어디에 있어요?

____

2) 식당에 무슨 음식이 있어요? 연결하세요.

맛나 식당 •	• 삼계탕
	• 맥주
가나 식당 •	• 스파게티
	• 냉면
이탈리아나 •	• 김밥

3) 읽은 내용과 같으면 O, 다르면 X 하세요.

❶ 맛나 식당 김치찌개가 맛있어요. (　　)
❷ 가나 식당에 학생이 많아요. (　　)
❸ 이 사람은 이탈리아나 피자를 좋아해요. (　　)

라면 EN ramen/instant noodles JP ラーメン CH 拉面
떡볶이 EN topokki JP トッポキ CH 炒年糕

02 **보기** 와 같이 말하고 쓰세요.

맛나식당

 불고기

 삼계탕

 비빔밥

 냉 면

가나식당

 김 밥

 라 면

 떡볶이

 콜 라

 사이다

이탈리아나

 스파게티

 피 자

 맥 주

 주 스

 커 피

보기

가: 영주 씨, 가나 식당은 무엇이 맛있어요?

나: 김밥이 맛있어요. 떡볶이도 맛있어요.

가: 그럼 떡볶이를 먹을까요?

나: 좋아요. 떡볶이를 먹어요. 그리고 김밥도 먹어요.

가: 콜라도 마실까요?

나: 네, 콜라도 마셔요.

친구	**보기** 영주			
식당	가나 식당			
음식	떡볶이 김밥 콜라			

MP3_11

제 11 과

불고기 이 인분하고 냉면 주세요

- **학습 목표** 음식을 주문할 수 있다.
- **어휘** 여기요, 이, 인분, 알겠습니다, 물, 잠깐만
  수 관련 어휘2
- **문법** 하고, -으세요
- **과제** 식당에서 음식 주문하기
  식당에서 종업원과 손님의 대화를 듣고 음식 주문하는 대화 만들기
  식당을 소개하는 글 읽고 좋아하는 식당 소개하기

1 이 사람들이 무엇을 해요?

2 여러분 나라에서는 식당에서 어떻게 주문해요?

MP3

샤오밍	여기요.
	불고기 이 인분하고 냉면 주세요.
종업원	네, 알겠습니다.
샤오밍	그리고 물도 주세요.
종업원	네, 잠깐만 기다리세요.

알겠습니다 [알겓씀니다]

여기요
EN excuse me
JP あの，すみません
CH 这里

이
EN two
JP 二
CH 二、两

인분
EN portion of food
JP 人前
CH 份

알겠습니다
EN I understand
JP わかりました
CH 知道了

물
EN water
JP 水
CH 水

잠깐만
EN a short while
JP 少々
CH 一会儿

어휘

1	2	3	4	5	6	7	8	9
일	이	삼	사	오	육	칠	팔	구

10	20	30	40	50	60	70	80	90
십	이십	삼십	사십	오십	육십	칠십	팔십	구십

100	1,000	10,000	24,759	18,316
백	천	만	이만 사천 칠백 오십 구	만 팔천 삼백 십 육

보기 와 같이 쓰고 읽으세요.

보기 ___삼___ 인분

1) ________ 인분

2) ________ 인분

보기 육백 사십 칠

3)

4)

5)

6)

7)

문법

1 하고

- 가방에 책**하고** 공책이 있어요.
- 삼겹살**하고** 된장찌개를 먹어요.
- 유리**하고** 마이클은 학생이에요.
- 여기요, 커피**하고** 물 좀 주세요.

이야기를 만드세요.

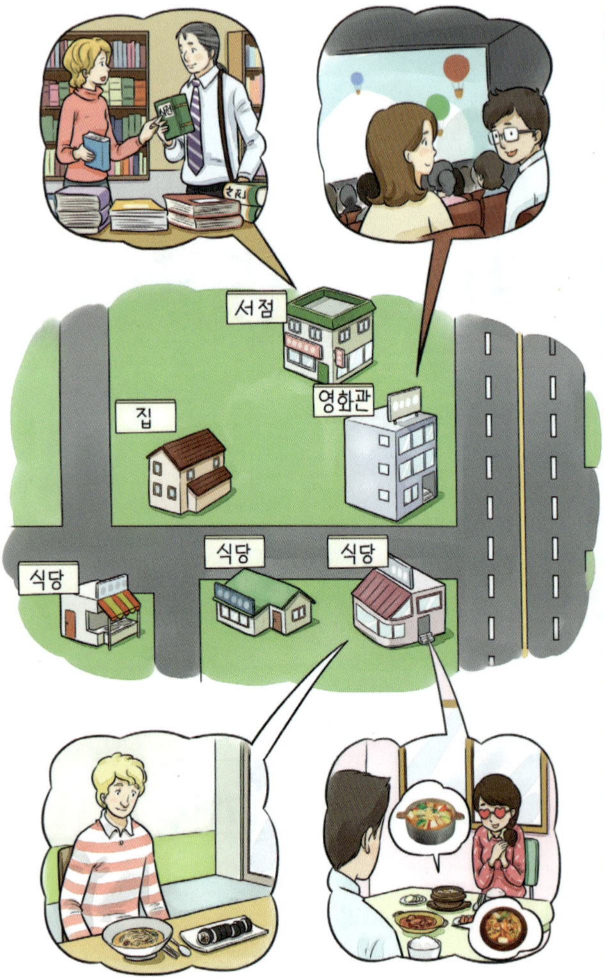

우리 집 근처에 서점하고 영화관이 있어요.

서점에 책 1) __________ 사전이 많아요.

슈테판 2) __________ 마리아가 책을 사요. 서점 근처에 영화관이 있어요.

3) __________ 은/는 영화관에 있어요. 영화가 재미있어요.

우리 집 근처에 식당도 많아요. 식당에 마이클이 있어요.

마이클이 4) __________ 을/를 먹어요. 영주 씨도 그 식당에 있어요.

영주 씨는 5) __________ 을/를 좋아해요.

2 -으세요/세요

- 기다리세요.
- 일찍 오세요.
- 여기에 앉으세요.
- 교과서를 읽으세요.

대화를 만드세요.

보기

종업원: 어서 오세요.

유 리: 여기요,

1) ______________________________.

종업원: 네, 알겠습니다.

슈테판: 2) ______________________________.

종업원: 네, 잠깐만 3) ______________________________.

유 리: 4) ______________________________.

슈테판: 5) ______________________________.

과제 1 말하기

> 보기 와 같이 말하세요.

보기

손　님: 여기요.

종업원: 네, 주문하세요.

손　님: 갈비 이 인분하고 냉면 두 그릇 주세요.

종업원: 네, 알겠습니다.

손　님: 그리고 사이다도 두 잔 주세요.

종업원: 네, 잠깐만 기다리세요.

❶ 

❷ 

❸ 

❹ 

문화

• 음식을 주문할 때

한국에서는 일반적으로 반찬은 주 요리에 딸려 나오므로 따로 주문하지 않아도 된다. 보통 물도 무료로 제공된다.

갈비 EN ribs JP カルビ CH 排骨
잔 EN glass JP コップ CH 杯
주문하다 EN to order JP 注文する CH 点(菜)
그릇 EN bowl JP 器 CH 碗
손님 EN customer JP お客さん CH 客人、顾客

과제 2 듣고 말하기

MP3

01 듣고 맞는 답을 고르세요.

1) ❶ 냉면이 있어요. ❷ 네, 알겠습니다.
❸ 모두 사 인분이에요. ❹ 네, 반가워요.

2) ❶ 네, 콜라도 주세요. ❷ 네, 물이 없어요.
❸ 네, 잠깐만 기다리세요. ❹ 네, 저는 물을 마셔요.

MP3

02 듣고 질문에 대답하세요.

1) 마이클하고 유리가 무엇을 주문해요? ______________, ______________

2) 들은 내용과 같으면 O, 다르면 X 하세요.

❶ 이 식당에 맥주가 없어요. (　　)
❷ 이 식당은 삼겹살이 유명해요. (　　)
❸ 유리는 삼계탕을 좋아하지 않아요. (　　)

03 보기 와 같이 말하세요.

우리식당	
삼계탕	12,000원
비빔밥	7,000원
콜 라	2,000원
사이다	2,000원

명동식당	
김 밥	2,000원
라 면	2,500원
떡볶이	1,500원
콜 라	1,000원

커피커피	
커 피	3,000원
콜 라	2,500원
사이다	2,500원
오렌지 주스	4,000원

보기

종업원: 어서 오세요. 여기 앉으세요.
손님 1: 여기 비빔밥 한 그릇 주세요.
종업원: 네, 알겠습니다.
손님 2: 냉면 있어요?
종업원: 아니요, 냉면은 없어요.
손님 2: 그럼 저도 비빔밥을 주세요.
손님 1: 그리고 물 좀 주세요.
종업원: 네, 알겠습니다.
잠깐만 기다리세요.

앉다 EN to sit JP 座る CH 坐
드시다 EN to eat JP 召し上がる CH 吃(敬语)
좀 EN a little/please JP ちょっと CH 一点儿

과제 3 읽고 쓰기

01 읽고 질문에 대답하세요.

우리 학교 근처에 식당이 있어요.
그 식당은 삼겹살이 맛있어요.
삼겹살은 ❶ 12,000원이에요.
친구하고 저, 두 명이 ❷ 3인분을 먹어요.
우리는 냉면도 한 그릇 먹어요.
냉면은 ❸ 4,500원이에요.
삼겹살 3인분하고 냉면 한 그릇은 ❹ 40,500원이에요
김치도 맛있어요. 모두 그 식당 김치를 좋아해요.

1) 한글로 쓰세요.

❶ 12,000원 만 이천 원 ❷ 3인분 ______
❸ 4,500원 ______ ❹ 40,500원 ______

2) 학교 근처 식당은 무엇이 맛있어요? 쓰세요.

______, ______

3) 읽은 내용과 같으면 O, 다르면 X 하세요.

❶ 그 식당은 학교에서 가까워요. ( )
❷ 우리는 삼겹살 사 인분을 먹어요. ( )
❸ 저는 그 식당 김치를 좋아해요. ( )

원 EN Korean won JP ウォン CH 元 김치 EN kimchi JP キムチ CH 泡菜

02 자주 가는 식당이 있어요? 보기 와 같이 쓰세요.

보기

우리 집 근처에 식당이 있어요.
그 식당은 비빔밥하고 불고기가 맛있어요.
비빔밥은 7,000원이에요.
불고기는 15,000원이에요.
우리 가족은 불고기 3인분하고 비빔밥 두 그릇을 먹어요.
우리는 그 식당을 좋아해요.

제 12 과

세 시부터 다섯 시까지 운동을 해요

- **학습 목표** 시간을 사용하여 하루 생활 이야기를 할 수 있다.
- **어휘** 오후, 뭘, 시, 운동, 자다, 보통
  시간 관련 어휘
  일과 관련 어휘
- **문법** 에[1], 부터 까지
- **과제** 하루 생활에 대해 질문하고 대답하기
  하루 일과에 관한 이야기를 듣고 쓰기
  일상생활 이야기를 읽고 자신의 하루 생활 말하기

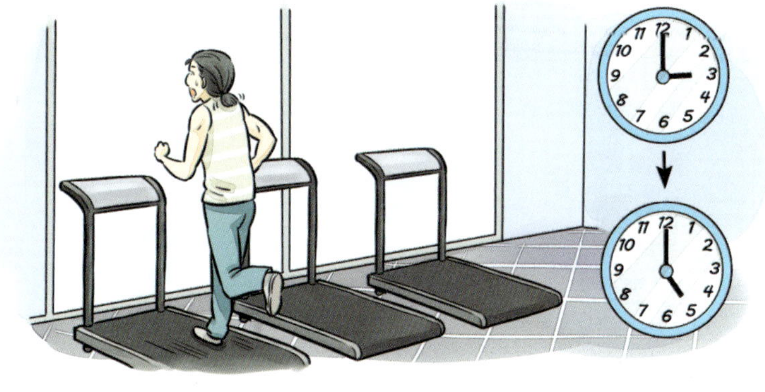

1 이 학생은 날마다 무엇을 해요?

2 여러분은 날마다 무엇을 해요?

MP3

유 리	슈테판 씨, 오후에 뭘 해요?
슈테판	세 시부터 다섯 시까지 운동을 해요.
유 리	몇 시에 자요?
슈테판	보통 열한 시에 자요.

다섯 시 [다섣씨]

오후
EN afternoon
JP 午後
CH 下午

뭘
EN what
JP 何を
CH 什么(宾语)

시
EN o'clock
JP 時
CH 点(时刻)

운동
EN exercise
JP 運動
CH 运动

자다
EN to sleep
JP 寝る
CH 睡觉

보통
EN usually
JP 普通
CH 一般

어휘

보기 와 같이 말하세요.

보기

➡ 가: 지금 몇 시예요?
나: 열한 시 삼십 분이에요.

일어나다

EN to get up

JP 起きる

CH 起床

버스를 타다

EN to take a bus

JP バスに乗る

CH 坐公共汽车

점심을 먹다

EN to eat lunch

JP お昼を食べる

CH 吃午饭

친구를 만나다

EN to meet a friend

JP 友達に会う

CH 见朋友

자다

EN to sleep

JP 寝る

CH 睡觉

친구들이 고향에 있어요. 보기 와 같이 쓰고 말하세요.

보기

1)

2)

3)

4)

보기

샤오밍 ➡ 샤오밍 씨가 점심을 먹어요.

가: 샤오밍 씨가 지금 무엇을 해요?

나: 샤오밍 씨가 점심을 먹어요.

1) 마이클 ➡ ______________________

2) 유리 ➡ ______________________

3) 슈테판 ➡ ______________________

4) 영주 ➡ ______________________

문법

1 에[1]

- 아침 일곱 시 반에 일어나요.
- 오전에 한국말을 공부해요.
- 두 시에 친구를 만나요.
- 저녁에 숙제를 해요.

보기 와 같이 말하세요.

보기

1)

2)

6)

보기 샤오밍 씨는 몇 시에 일어나요?

1) 오전 열 시에 무엇을 해요?
2) 몇 시에 점심을 먹어요?
3) 오후 세 시 반에 무엇을 해요?
4) 몇 시에 커피를 마셔요?
5) 몇 시에 버스를 타요?
6) 몇 시에 자요?

3)

5)

보기

가: 샤오밍 씨는 몇 시에 일어나요?

나: 일곱 시에 일어나요.

4)

2 부터 까지

- 아홉 시**부터** 한 시**까지** 한국말을 공부해요.
- 오후 두 시**부터** 네 시**까지** 숙제를 해요.
- 저녁 여섯 시**부터** 일곱 시**까지** 저녁을 먹어요.
- 1층**부터** 5층**까지** 교실이 있어요.

보기 와 같이 말하세요.

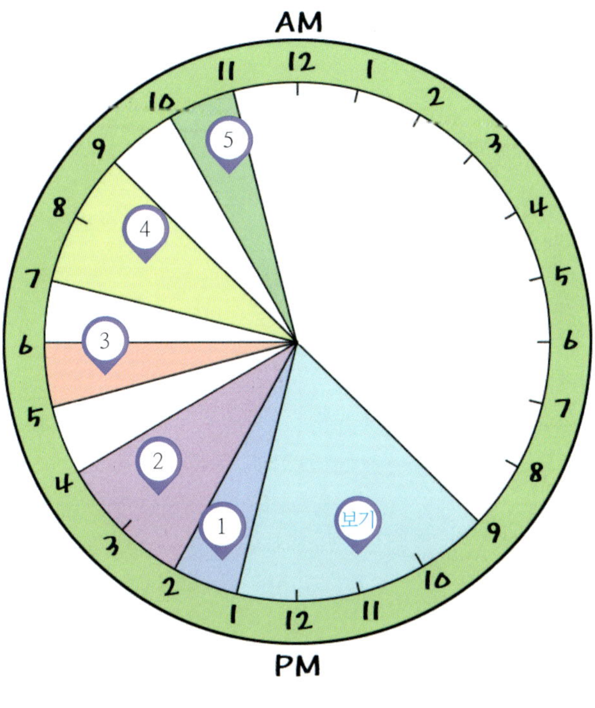

보기

1)

2)

3)

4)

5)

보기

마이클 씨는 오전 아홉 시부터 오후 한 시까지 한국어를 공부해요.

과제 1 말하기

보기 와 같이 말하세요.

보기

가: 유리 씨, 몇 시에 일어나요?
나: 아침 일곱 시 반에 일어나요.
가: 몇 시에 점심을 먹어요?
나: 오후 한 시에 점심을 먹어요.
가: 저녁에 뭘 해요?
나: 여덟 시부터 아홉 시 반까지 숙제를 해요.
가: 몇 시에 자요?
나: 보통 밤 열 시에 자요.

질문	친구 ______	친구 ______
1) 몇 시에 일어나요?		
2) 몇 시에 점심을 먹어요?		
3) 저녁에 뭘 해요?		
4) 몇 시에 자요?		
5) ______ ?		

문화

• 시간을 말할 때

한국에서 시간을 말할 때 12시를 기준으로 오전(am)과 오후(pm)를 나누어 말하지만 보통 아침, 오전, 오후, 저녁, 밤과 같은 단어들을 사용하여 시간을 말하기도 한다.
예) 아침 일곱 시, 오전 열 시, 오후 두 시, 저녁 여덟 시, 밤 열한 시

아침 EN morning / breakfast JP 朝、朝ごはん CH 早上、早饭 **저녁** EN evening / supper JP 夕方、晩ごはん CH 晚上、晚饭
숙제 EN homework JP 宿題 CH 作业 **밤** EN night JP 夜 CH 晚上、夜晚

과제 2 듣고 쓰기

MP3

01 듣고 맞는 답을 고르세요.

1) ❶ 일곱 시에 일어나요. ❷ 오후 한 시에 점심을 먹어요.
❸ 저녁에 숙제를 해요. ❹ 저녁 여섯 시 반에 저녁을 먹어요.

2) ❶ 아침을 먹어요. ❷ 저녁 여덟 시에 숙제를 해요.
❸ 친구를 만나요. ❹ 밤 열 시에 자요.

MP3

02 듣고 질문에 대답하세요.

1) 마이클 씨는 언제 아침을 먹어요?

❶ 일곱 시에 먹어요. ❷ 일곱 시 반에 먹어요.
❸ 여덟 시에 먹어요. ❹ 여덟 시 삼십 분에 먹어요.

2) 마이클 씨는 저녁 여덟 시에 뭘 해요? 쓰세요.

____

03 여러분은 언제 무엇을 해요? 다음에서 골라 세 문장을 쓰세요.

아침 오전 오후 저녁 밤

보기
저는 저녁 일곱 시에 저녁을 먹어요. 그리고 숙제를 해요. 컴퓨터 게임도 해요.

____

____

____

언제 EN when JP いつ CH 什么时候 **컴퓨터 게임** EN computer game JP コンピューターゲーム CH 电脑游戏

과제 3 읽고 말하기

01 **읽고 질문에 대답하세요.**

저는 아침 여섯 시에 일어나요.
아침에 운동을 해요. 저는 운동이 좋아요.
오전 아홉 시부터 오후 다섯 시 반까지 회사에 있어요.
오후 한 시쯤 점심을 먹어요. 보통 한국 음식을 먹어요.
저녁 여섯 시 반에 저녁을 먹어요.
보통 저녁 여덟 시부터 아홉 시까지 텔레비전을 봐요.
밤 열 시 반에 자요.

1) 아침에 무엇을 해요?

____

2) 몇 시에 점심을 먹어요?

____

3) 읽은 내용과 같으면 O, 다르면 X 하세요.

❶ 이 사람은 운동을 좋아해요. ( )
❷ 이 사람은 회사원이에요. ( )
❸ 이 사람은 오후에 텔레비전을 봐요. ( )

텔레비전 EN television JP テレビジョン CH 电视 **쯤** EN about / around JP ごろ CH 左右、大概

02 보기 와 같이 쓰고 말하세요.

시간	하는 일
보기 7시	일어나요

보기 저는 일곱 시에 일어나요.

MP3_13

제 13 과

토요일에 무엇을 하고 싶어요?

- **학습 목표** 날짜와 요일을 말할 수 있다.
- **어휘** 이번, 토요일, 월, 며칠, 일, 산책하다
  날짜와 요일 관련 어휘
- **문법** -고 싶다, 에서
- **과제** 날짜를 묻고 그 날 하고 싶은 일 말하기
  하고 싶은 일에 대한 이야기를 듣고 말하기
  주말 이야기를 읽고 하고 싶은 일에 대해 쓰기

1 이 사람들은 오늘 무엇을 해요?

2 여러분은 이번 주에 무엇을 해요?

MP3

슈테판 이번 토요일이 몇 월 며칠이에요?

유 리 유월 십칠 일이에요.

슈테판 토요일에 무엇을 하고 싶어요?

유 리 공원에서 산책하고 싶어요.

몇 월 [며뒬]

산책하고 [산채카고]

이번
EN this
JP 今度
CH 这次

토요일
EN Saturday
JP 土曜日
CH 星期六

월
EN month
JP 月
CH 月

며칠
EN what date
JP 何日
CH 几号、几天

일
EN day
JP 日
CH 日、号

산책하다
EN to take a walk
JP 散歩する
CH 散步

어휘

월			EN Month	JP 月	CH 月
1월/일월	**2월/이월**	**3월/삼월**	**4월/사월**	**5월/오월**	**6월/유월**
EN January	EN February	EN March	EN April	EN May	EN June
JP 一月	JP 二月	JP 三月	JP 四月	JP 五月	JP 六月
CH 一月	CH 二月	CH 三月	CH 四月	CH 五月	CH 六月
7월/칠월	**8월/팔월**	**9월/구월**	**10월/시월**	**11월/십일월**	**12월/십이월**
EN July	EN August	EN September	EN October	EN November	EN December
JP 七月	JP 八月	JP 九月	JP 十月	JP 十一月	JP 十二月
CH 七月	CH 八月	CH 九月	CH 十月	CH 十一月	CH 十二月

일	EN Date	JP 日	CH 号
1일	**2일**	**3일**	**4일**
일 일	이 일	삼 일	사 일
5일	**6일**	**7일**	**8일**
오 일	육 일	칠 일	팔 일
9일	**10일**	**11일**	**12일**
구 일	십 일	십일 일	십이 일

요일		EN Day		JP 曜日		CH 星期
일요일	**월요일**	**화요일**	**수요일**	**목요일**	**금요일**	**토요일**
Sunday	Monday	Tuesday	Wednesday	Thursday	Friday	Saturday
日曜日	月曜日	火曜日	水曜日	木曜日	金曜日	土曜日
星期一	星期二	星期三	星期四	星期五	星期六	星期天

보기 와 같이 쓰고 말하세요.

보기

가: 몇 월 며칠이에요?

나: 시월 십일 일이에요.

가: 무슨 요일이에요?

나: 목요일이에요.

①
가 : 몇 월 며칠이에요?
나 : ______________
가 : 무슨 요일이에요?
나 : ______________

②
가 : 몇 월 며칠이에요?
나 : ______________
가 : 무슨 요일이에요?
나 : ______________

③
가 : ______________?
나 : 칠월 십오 일이에요.
가 : ______________?
나 : 토요일이에요.

④
가 : ______________?
나 : ______________
가 : ______________?
나 : ______________

문법

1 -고 싶다

- 저는 불고기를 먹고 **싶어요.**
- 친구들을 만나고 **싶어요.**
- 영주 씨, 무슨 차를 마시고 **싶어요?**
- 유리 씨는 쉬고 **싶어해요.**

대화를 만드세요.

마이클: 영주 씨, 우리 무엇을 할까요?

영 주: 보기 밥을 먹고 싶어요.

마이클: 무엇을 먹고 싶어요?

영 주: 1) ______________________.

마이클: 그럼 갈비를 먹어요. 그리고 차는 무슨 차를 마시고 싶어요?

영 주: 2) ______________________.

마이클: 저녁에 3) ______________________?

영 주: 저는 4) ______________________.

마이클: 어디에서 영화를 보고 싶어요?

영 주: 집 근처 영화관에서 5) ______________________.

2 에서

- 도서관**에서** 공부해요.
- 저는 은행**에서** 일해요.
- 어디**에서** 친구를 만나요?
- 회사 근처 식당**에서** 점심을 먹어요.

대화를 만드세요.

보기

1)

2)

3)

4)

5)

샤오밍: 영주 씨, 보통 어디에서 공부해요?
영 주: 보기 학교에서 공부해요.
샤오밍: 그래요? 저는 1) ________________.
영 주: 샤오밍 씨는 집에서 점심을 먹어요?
샤오밍: 아니요, 2) ________________.
영 주: 저녁은 어디에서 먹어요?
샤오밍: 저녁은 보통 3) ________________.
영 주: 샤오밍 씨, 운동을 좋아해요?
샤오밍: 네, 좋아해요.
영 주: 어디에서 운동해요?
샤오밍: 4) ________________.
영 주: 저도 같이 운동할까요?
샤오밍: 좋아요. 그럼 우리 아침 7시에 5) ________________.

과제 1 말하기

01 보기 와 같이 말하세요.

> **보기**
> 가: 방학이 언제예요?
> 나: 12월 14일부터예요.
> 가: 이번 방학에 무엇을 하고 싶어요?
> 나: 아르바이트를 하고 싶어요.
> 가: 어디에서 아르바이트를 하고 싶어요?
> 나: 서점에서 아르바이트를 하고 싶어요.

방학 EN vacation JP 休み CH 放假
쉬다 EN to rest JP 休む CH 休息
아르바이트 EN part-time job JP アルバイト CH 打工
커피숍 EN coffee shop JP コーヒーショップ CH 咖啡厅

과제 2 듣고 말하기

MP3

01 듣고 맞는 답을 고르세요.

1) ❶ 제 생일이에요. ❷ 저녁 일곱 시 반이에요.
❸ 10월 5일이에요. ❹ 월요일이에요.

2) ❶ 일요일이 3월 2일이에요. ❷ 집에서 텔레비전을 보지 않아요.
❸ 월요일에 숙제를 하고 싶어요. ❹ 극장에서 영화를 보고 싶어요.

MP3

02 듣고 질문에 대답하세요.

1) 슈테판 씨 생일은 몇 월 며칠이에요?

❶ 7월 10일 ❷ 7월 11일
❸ 7월 12일 ❹ 7월 13일

2) 슈테판 씨는 생일에 무엇을 해요? 쓰세요.

____

03 보기 와 같이 말하세요.

제 생일은 4월 22일이에요. 일요일이에요.
저는 생일에 친구하고 고향 음식을 먹고 싶어요.
그리고 쇼핑도 하고 싶어요.

생일 EN birthday JP 誕生日 CH 生日
파티 EN party JP パーティー CH 派对
극장 EN theater JP 劇場 CH 剧场
쇼핑 EN shopping JP ショッピング CH 买东西

과제 3 읽고 쓰기

01 읽고 질문에 대답하세요.

오늘은 5월 23일 토요일이에요.
오늘 저녁에 여자 친구하고 영화를 보고 싶어요.
우리는 한국 영화를 좋아해요.
내일은 일요일이에요. 아침에 공원에서 운동하고 싶어요.
보통 일요일 저녁에 집에서 저녁을 먹어요.
하지만 내일은 가족하고 식당에서 저녁을 먹고 싶어요.
내일은 동생 생일이에요.

1) 내일은 몇 월 며칠이에요?

____

2) 이 사람은 보통 일요일 저녁에 어디에서 저녁을 먹어요?

____

3) 읽은 내용과 같으면 O, 다르면 X 하세요.

❶ 저는 한국 영화를 좋아해요. ( )
❷ 내일은 제 생일이에요. ( )
❸ 내일 가족하고 집에서 저녁을 먹고 싶어요. ( )

오늘 EN today JP 今日 CH 今天　　내일 EN tomorrow JP 明日 CH 明天

02 이번 주말에 무엇을 하고 싶어요? 쓰세요.

문화

• 날짜와 요일

한국에서는 날짜와 요일을 말할 때 연, 월, 일, 요일의 순서로 말한다.

예) 2015년 5월 26일 수요일

주말 EN weekend JP 週末 CH 周末

MP3_14

제 14 과

동대문시장에 가요

- 학습 목표　다양한 가게의 이름을 말할 수 있다.
- 어휘　동대문시장, 가게, 옷, 신발, 그렇다(그래요)
  가게 관련 어휘
- 문법　에 가다, 과
- 과제　쇼핑 약속 정하기
  자주 가는 쇼핑 장소에 대한 대화를 듣고 이야기하기
  자주 가는 가게를 소개하는 글을 읽고 쓰기

1 그림의 가게에서 무엇을 살 수 있어요?

2 여러분 동네에 무슨 가게가 있어요?

MP3

마이클	영주 씨, 지금 어디에 가요?
영 주	동대문시장에 가요.
마이클	거기에 무슨 가게가 많아요?
영 주	옷 가게와 신발 가게가 많아요.
마이클	그래요? 저도 같이 가요.

많아요 [마나요]
같이 [가치]

동대문시장
EN Dongdaemun Marketplace
JP 東大門市場
CH 东大门市场

가게
EN store
JP 店
CH 商店

옷
EN clothes
JP 服
CH 衣服

신발
EN shoes
JP 靴
CH 鞋子

그렇다(그래요)
EN to be so (really?)
JP そうだ (そうですか)
CH 那样的 (是吗?)

어휘

시장
EN market
JP 市場
CH 市场

백화점
EN department store
JP デパート
CH 百货商店

슈퍼마켓
EN supermarket
JP スーパーマーケット
CH 超市

편의점
EN convenience store
JP コンビニ
CH 便利店

빵집
EN bakery
JP パン屋
CH 面包房

문구점
EN stationary store
JP 文具店
CH 文具店

과일 가게
EN fruit shop
JP 果物屋
CH 水果店

꽃 가게
EN flower shop
JP 花屋
CH 花店

보기 와 같이 쓰세요.

보기 과일 가게　　1) ________　　2) ________

3) ________　　4) ________　　5) ________

문법

1 에 가다

- 어디에 가요?
- 날마다 학교에 가요.
- 저는 지금 시장에 가요.
- 친구가 우리 집에 와요.

보기 와 같이 말하세요.

보기

가: 누나가 어디에 가요?

나: 영화관에 가요.

2 과/와

- 나는 봄**과** 가을을 좋아해요.
- 동생**과** 누나가 집에 있어요.
- 내 방에 시계**와** 책상이 있어요.
- 문구점에서 지우개**와** 연필을 사요.

보기 와 같이 말하세요.

보기 방에 누가 있어요?

1) 책상에 무엇이 있어요?
2) 가방에 무엇이 있어요?
3) 침대 근처에 무엇이 있어요?
4) 방에서 무엇을 마셔요?
5) 방에서 무엇을 먹어요?

보기

가: 방에 누가 있어요?

나: 샤오밍과 영주와 마이클이 있어요.

과제 1 말하기

01 보기 와 같이 말하고 쓰세요.

보기

가: 유리 씨, 토요일에 어디에 가요?

나: 한국 백화점에 가요.

가: 거기에 무엇이 있어요?

나: 옷 가게와 신발 가게가 있어요.

가: 그래요? 저도 가고 싶어요.

나: 그럼 토요일 오후에 한국 백화점에 같이 가요.

친구	언제	어디
보기 유리	토요일 오후	한국 백화점

문화

• 쇼핑 명소

서울의 유명한 쇼핑 장소로는 명동, 남대문시장, 동대문시장, 인사동, 이태원 등이 있다. 그 중 명동, 동대문시장은 의류, 패션용품으로 유명하고 인사동은 한국의 전통 물품으로 유명하다.

과제 2 듣고 말하기

MP3

01 듣고 맞는 답을 고르세요.

1) ❶ 지금 시장에 있어요. ❷ 지금 시장에 와요.
❸ 지금 시장에 가요. ❹ 저도 같이 가요.

2) ❶ 거기가 문구점이에요. ❷ 문구점에 학생이 있어요.
❸ 문구점이 학교에 있어요. ❹ 공책과 연필이 있어요.

MP3

02 듣고 질문에 대답하세요.

1) 명동에 무엇이 많아요?

____

2) 들은 내용과 같으면 O, 다르면 X 하세요.

❶ 두 사람은 명동에 있어요. (　　)
❷ 명동 근처에 시장이 있어요. (　　)
❸ 두 사람은 내일 백화점에 가요. (　　)

03 보기 와 같이 말하세요.

보기
저는 도쿄에서 '하라주쿠'에 자주 가요.
'하라주쿠'에는 여러 가지 가게가 많아요.
옷 가게, 신발 가게, 화장품 가게가 많아요.
'하라주쿠'는 옷과 신발이 예뻐요.
그리고 근처에 '신주쿠'와 '시부야'도 있어요.

명동 EN Myoungdong JP 明洞 CH 明洞
여러 가지 EN various kinds JP いろいろ CH 各种
자주 EN often JP よく CH 经常
화장품 EN cosmetics JP 化粧品 CH 化妆品

과제 3 읽고 쓰기

01 **읽고 질문에 대답하세요.**

우리 집 근처에 옷 가게가 있어요. 그 옷 가게에 옷이 많아요.
치마와 바지가 예뻐요. 그리고 값이 싸요. 주인도 친절해요.
옷 가게 근처에 과일 가게와 편의점도 있어요.
저는 과일 가게에 자주 가요. 과일이 맛있어요. 값도 싸요.
편의점에는 사람이 많아요. 편의점 주인이 재미있어요.

1) 가게 주인이 어때요? 쓰세요.

옷 가게: ______________________

편의점: ______________________

2) 읽은 내용과 같으면 O, 다르면 X 하세요.

❶ 우리 집 근처 옷 가게에 옷이 많아요. (   )
❷ 과일 가게는 과일 값이 비싸요. (   )
❸ 옷 가게 근처에 편의점이 있어요. (   )

치마 EN skirt JP スカート CH 裙子	**바지** EN pants JP ズボン CH 裤子
값 EN price JP 値段 CH 价格	**싸다** EN to be cheap JP 安い CH 便宜
주인 EN owner JP 主人 CH 主人	**비싸다** EN to be expensive JP 高い CH 贵

02 자주 가는 가게가 있어요? 위와 같이 쓰세요.

MP3_15

제 15 과

한 개에 만 원이에요

- **학습 목표** 가게에서 물건을 살 수 있다.
- **어휘** 인형, 구경하다, 이거, 얼마, 선물하다
  선물 관련 어휘
- **문법** 에^2, 에게
- **과제** 가게에서 물건 사기
  쇼핑하고 싶은 물건에 대한 대화를 듣고 말하기
  선물 이야기를 읽고 주고 싶은 선물에 대해 쓰기

1. 이 사람들은 무엇을 사요?
2. 여러분은 한국에서 무엇을 사고 싶어요?

MP3

영주	인형 있어요?
주인	네, 있어요. 구경하세요.
영주	이거 얼마예요?
주인	한 개에 만 원이에요.
영주	두 개 주세요. 친구에게 선물하고 싶어요.

인형
EN doll
JP 人形
CH 娃娃

구경하다
EN to see / to sightsee
JP 見物する
CH 看、观赏

이거
EN this (thing)
JP これ
CH 这个

얼마
EN how much
JP いくら
CH 多少

선물하다
EN to give a gift
JP プレゼントする
CH 送礼物

만원 [마눤]

어휘

액세서리
EN accessory
JP アクセサリー
CH 饰品

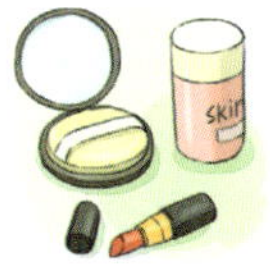

화장품
EN cosmetics
JP 化粧品
CH 化妆品

상품권
EN gift certificate
JP 商品券
CH 商品券

꽃다발
EN bundle of flowers
JP 花束
CH 花束

케이크
EN cake
JP ケーキ
CH 蛋糕

넥타이
EN necktie
JP ネクタイ
CH 领带

만년필
EN fountain pen
JP 万年筆
CH 钢笔

장갑
EN gloves
JP 手袋
CH 手套

다음 가게에서 무슨 선물을 사고 싶어요? 선물을 쓰고 누구에게 그 선물을 주고 싶은지 연결하세요.

보기		장갑		남자 친구
1)				남동생
2)	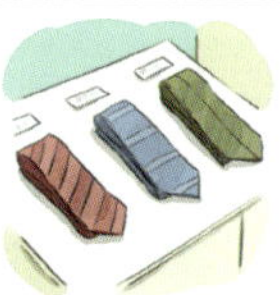			어머니
3)				유리
4)				여자 친구

문법

1 에[2]

- 한 개**에** 얼마예요?
- 세 개**에** 오천 원이에요.
- 책 한 권**에** 이만 원이에요.
- 생선 한 마리**에** 칠천 원이에요.

보기 와 같이 말하세요.

보기

1)

2)

3)

4)

5)

보기

샤오밍: 이 지우개 얼마예요?

주　인: 한 개에 오백원이에요.

샤오밍: 세 개 주세요.

2 에게

- 동생**에게** 편지를 보내요.
- 저**에게** 그 가방을 주세요.
- 미선 씨**한테** 사전을 빌려 주세요.
- 부모님**께** 전화를 해요.

생일 선물이 있어요. 누구에게 무엇을 주고 싶어요? 보기 와 같이 말하세요.

보기

저는 상품권을 유리 씨에게 주고 싶어요.
유리 씨는 백화점에 자주 가요.

과제 1 말하기

01 보기 와 같이 말하세요.

보기

주인: 어서 오세요.

손님: 치마 있어요?

주인: 네, 있어요. 구경하세요.

손님: 이거 얼마예요?

주인: 한 벌에 이만 원이에요.

손님: 이거 한 벌 주세요.

주인: 네, 여기 있어요. 또 오세요.

보기

1)

2)

3)

벌 EN suit (of clothes) JP 着 CH 件、套

사과 EN apple JP りんご CH 苹果

또 EN again JP また CH 又

배 EN pear JP 梨 CH 梨

과제 2 듣고 말하기

MP3

01 듣고 맞는 답을 고르세요.

1) ❶ 네, 구경하세요. ❷ 얼마예요?
❸ 어서 오세요. ❹ 한 벌 주세요.

2) ❶ 제가 주고 싶어요. ❷ 동생에게 주고 싶어요.
❸ 생일에 주고 싶어요. ❹ 액세서리를 주고 싶어요.

MP3

02 듣고 질문에 대답하세요.

1) 손님은 지금 어디에 있어요?

❶ 편의점 ❷ 서점
❸ 문구점 ❹ 과일 가게

2) 손님은 무엇을 몇 개 사요? 쓰세요.

____

3) 모두 얼마예요?

______________ 원

03 한국에서 무엇을 사고 싶어요? 보기 와 같이 말하세요.

보기

저는 화장품을 사고 싶어요. 한국 화장품은 좋아요.
명동에서 화장품을 사고 싶어요.
명동은 좀 멀어요. 하지만 화장품이 많아요. 값도 싸요.

멀다 EN to be far JP 遠い CH 远

과제 3 읽고 쓰기

01 **읽고 질문에 대답하세요.**

내일은 친구 생일이에요.

저는 친구에게 장갑을 선물하고 싶어요.

친구 고향은 날씨가 따뜻해요. 하지만 서울은 요즘 날씨가 추워요.

그래서 장갑을 선물하고 싶어요.

우리 집 근처 옷 가게에 장갑이 있어요.

그 가게는 값이 비싸지 않아요. 그리고 장갑이 예뻐요.

거기에서 친구 선물을 사고 싶어요.

1) 어디에서 친구 선물을 사고 싶어요?

❶ 가방 가게 ❷ 신발 가게

❸ 옷 가게 ❹ 액세서리 가게

2) 친구 선물은 무엇이에요?

____

3) 읽은 내용과 같으면 O, 다르면 X 하세요.

❶ 친구 고향은 따뜻해요. ( )

❷ 옷 가게는 물건 값이 비싸요. ( )

❸ 친구 집 근처에 옷 가게가 있어요. ( )

따뜻하다 EN to be warm JP 暖かい CH 温暖
그래서 EN so / for that reason JP それで CH 所以
요즘 EN these days JP この頃 CH 最近
물건 EN thing JP 物 CH 东西

02 누구에게 무슨 선물을 주고 싶어요? 쓰세요.

3주완성
연세 한국어

연세대학교 한국어학당 편

1 부록

1. 번역 (영어 · 일본어 · 중국어)
2. 문법 활용연습
3. 듣기 지문
4. 모범 답안
5. 색인

연세대학교 출판문화원

前言

有着50年以上韩国语教育历史的延世大学韩国语学堂，与其悠久的历史及盛名相符，曾编写了各类韩国语教材并做了不少相关研究，引领着韩国语教育的发展。

最近，曾停滞一时的韩流风潮开始逐渐超出亚洲范围，扩散到了美洲、欧洲等世界各地，韩国及韩国文化在世界范围内得到了广泛传播，与之相连的，大家对韩语的兴趣和需求也在慢慢的增加。以前主要以海外同胞和一部分外国人为中心的韩国语教育，现在逐渐有了以持有各种目的和要求的学习者为对象的扩大化趋势，因此对教材的需求也开始变得多样化起来。

延世大学韩国语学堂在此期间不仅针对一般的韩国语学习者，还针对有求职需求的学习者，有升学目的的学习者，海外同胞的子女等有着各种各样目的及需求的学习对象，持续不断地开发、出版了各类教材。本次出版的'3周速成延世韩国语1'作为60学时用教材，是针对短期韩国语学习者而编写的教材。主要以外国人感兴趣的主题为中心，介绍了必要的词汇、语法、文化和思维方式，以便加深学习者对韩国语及韩国的理解。尤其是本教材为了使学习者的词汇能力、语法理解力和听说读写各能力得到均衡的发展，加入了多样化的练习，以确保学习效果的提高。

语言教育的目标是为了通过目的语来提高交际能力，并理解使用这种目的语的社会和文化。本教材能够对短时间内学习韩国语并想了解韩国文化的学习者提供很多的帮助，并为韩国语教材的发展承担起自己的一份责任。

'3周速成延世韩国语1'不仅适用于延世大学语言研究教育院韩国语学堂的学习者，也适用于国内、国外短期内学习韩国语和韩国文化的所有学习者，希望为他们提供很大的帮助。延世大学语言研究教育院韩国语学堂教材编写委员会今后将不负学习者的要求和希望，为教材的开发贡献自己最大的力量。

延世大学语言研究教育院
韩国语学堂教材编写委员会

Introduction

- The 'Yonsei Korean in 3 Weeks 1' was written for the foreigner and overseas Korean students who seek to learn the Korean language within a short amount of time. As a textbook for beginners, this was written to help the learner have a wider understanding of Korea with the necessary lessons in vocabulary, grammar, culture, and way of thinking.

- The 'Yonsei Korean in 3 Weeks 1' is made up of 15 lessons. Lessons 1–3 cover the Korean alphabet and sentence reading, and lessons 4–15 cover the necessary dialogues of everyday life in Korea with the vocabulary, expressions, grammar, and tasks that a student must know at the beginner level.

- Five characters appear in the 'Yonsei Korean in 3 Weeks 1' and the 12 lessons consist of dialogues about the everyday life of these characters.

- Each chapter of this textbook includes a chapter title, objective, illustration and introductory questions, dialogue, pronunciation, vocabulary words, grammar, tasks and culture.

- The chapter title for each lesson is an important sentence taken from the chapter dialogue.

- The objective for each chapter presents a communication skill and task necessary to learn in order to motivate the learner and help promote a clearer understanding of the chapter.

- The main dialogue of each chapter was created with the intention to make it the most typical and representative type of dialogue concerning a targeted theme. Each dialogue is made up of 4–7 sentences with 2 turns of dialogue. An illustration and a couple of questions come before the dialogue to help the learner become interested in the content of the conversation.

- Words from the dialogue that need special attention with pronunciation are presented separately to help the learner practice the words with accurate pronunciation.

- The main chapter dialogues are presented in English, Japanese, and Chinese in a supplement to help the learner easily understand the context and content of the dialogue.

- The selected vocabulary words for the theme of each chapter that the learner must know are presented with illustrations to help with understanding meaning. There are 321 words presented in 'Yonsei Korean in 3 Weeks 1.'

- The grammar and sentence pattern lessons that come from each chapter's main dialogue are explained in the learner's native language in a supplement and the example sentences are presented. After the grammar presentation, practice questions are included to help the learner check what he or she has learned.

- There are 3 tasks for each chapter which are consistent with the communication skill presented in the chapter objective. The tasks adequately address the four skills of speaking, listening, reading, and writing, and for the beginner stage, a greater emphasis is made on speaking and listening.

- The culture section that pertains to the theme of the chapter and helps in understanding the Korean language includes an explanation and photograph or drawing.

- As a supplement, translation, grammar practice, listening script, sample answers and index are provided for the learner's confirmation of the chapter's contents and self-study of the targeted grammar lessons.

- The sample answers present the answers to the vocabulary and grammar practice.

- In the index of vocabulary and grammar, the new vocabulary, including the vocabulary related to themes, and grammar lessons are organized in Korean alphabetical order.

凡例

- '3週完成延世韓国語1'は短期間に韓国語を学ぼうとする外国人および在外同胞の学習者のための初級段階の教科書で、初級段階で必ず知らなくてはてはいけないテーマを中心に扱い、これといっしょに必須の語彙や文法、考え方を紹介しながら韓国についての理解を広げようとしている。

- '3週完成延世韓国語1'は全15の課で構成され、1—3課ではハングルの子母を覚えることおよび文章を読むことを扱っており、4—15課は基礎段階で必ず知っていなければならない語彙、表現、文法および課題を基に日常生活で必須である会話を学習できるように構成されている。

- '3週完成延世韓国語1'は5名の主要人物が登場し、登場人物の日常生活を中心に本文の会話内容を12の課で構成した。

- 本教材は課名、学習目標、イラストと導入質問、会話、発音、語彙、文法、課題、文化で構成されている。

- 各課のタイトルは本文の会話内容の中の主要な文章で示した。

- 各課の目標は該当の課で学習しなくてはならないコミュニケーション機能や課題を中心に示し、学習者たちの学習動機を誘発し、課に対する理解を促進させるのに役立つようにした。

- 本文の会話は各課のテーマに関連した一番典型的で代表的な会話の状況を設定しようと努力し、4~7つの文章、2組の会話で構成した。会話の前にはテーマに関連したイラストと質問を入れ学習者たちが会話内容に興味をもって接することができるよう誘導した。

- 会話で注意しなくてはならない発音は別に示し正確な発音を練習できるようにした。

- 本文の会話内容を付録に英語、日本語、中国語で示し、学習者が会話の脈絡や状況および内容を易しく理解できるようにした。

- 語彙は各課のテーマ別に必ず知らなくてはならない語彙を選定して示し、関連イラストとをいっしょに示して意味を簡単に理解できるようにした。'3週完成延世韓国語1'で示した単語は321語である。

- 文法は各課に示した重要な文法や文型の意味や用法を付録に学習者の母国語で説明し、例文を示した。 文法提示のあとには練習問題を付け加え勉強した内容を学習者が点検できるようにした。

- 課題は学習目標で示したコミュニケーション機能に一致するもので各課ごとに3つずつ示した。課題は話す、聞く、読む、書くの4機能を適切に行えるように提示し、初級課程で要求される話す、聴くの比重を高く構成した。

- 文化は課のテーマに関連し韓国語を理解するのに役に立つ場合に該当の所に文化関連情報を示した。

- 付録で翻訳、文法活用練習、聞取りスクリプト, 模範答案と索引をもうけ、学習者が該当の課の内容が確認できるようにするとともに目標文法を自習することができるようにした。

- 模範答案は語彙や文法練習の模範答案を示し、必要な場合、課題の模範答案も例示した。

- 語彙と文法索引では各課で扱われた本文の新出単語、テーマに関連した語彙や主要文法をそれぞれカナタ順で整理して示した。

凡例

- '3周速成延世韩国语1'是为了给在短时间内学习韩语的外国人及侨胞学习者而编写的初级阶段教材。教材以初级阶段必须掌握的主题为中心，包括了该阶段必须的词汇和语法，并通过对文化和思维方式的介绍来加深学生对韩国的了解。

- '3周速成延世韩国语1'一共由15课组成，其中1-3课主要是熟悉韩文字母及练习句子，4-15课则以基础阶段必须掌握的词汇、表现、语法及课堂练习为框架，学习日常生活中的常用对话。

- '3周速成延世韩国语1'中有5名主要人物登场，对话内容皆以这5名人物的日常生活为中心而展开，来组成12篇课文。

- 本教材以题目、学习目标、插话及导入问题、对话、发音、词汇、语法、课堂练习、还有文化构成。

- 每课的题目是课文对话内容中的一个重要句子。

- 每课的目标展示的是学习者在该课所应该掌握的交际技能以及课堂练习，来诱发学习者的学习动机，帮助促进对课文的理解。

- 课文对话致力于设定与每课主题相关的最为典型、最具代表性的对话情景，一般由4~7个句子，即2组~2.5组对话构成。在对话前面加入题目及相关的插话和提问，可以使学习者对对话内容产生兴趣。

- 将对话中应该注意的发音另外加以展示，可以使学习者练习正确的发音。

- 课文对话内容在附录中用英语、日语、汉语进行翻译，帮助学习者更好地理解对话脉络、情景及内容。

- 词汇部分的设定，一般是各课的主题下所必须掌握的词汇，配上相关的插话，可以帮助学习者更容易地理解其意思。'60小时 韩国语1'中共有321个单词。

- 语法部分，在附录中把各单元对话里所包含的重要语法或句型意义及用法用学习者的母语进行说明，并提供相关例句。

- 课堂练习部分，与学习目标中所提出的交际技能想呼应，每课共有3项练习。练习部分注重听、说、读、写四种技能的训练，并与初级课程的要求相配合，侧重于听和说的练习。

- 文化部分主要是与各课主题相关的，能帮助理解韩语的内容，包括文化内容的说明、照片、图片等。

- 附录包括翻译、语法练习、听力原文、标准答案和索引，以便学习者能够确认相应单元的内容，同时也能够对目标语法进行自学。

- 标准答案部分主要是给出了词汇及语法练习的答案，必要时也包括了课堂练习标准答案。

- 词汇与语法索引部分，对每课出现的课文新词汇、与主题相关的词汇及主要语法项目以'가나다'的顺序进行整理展示。

Contents Map

Chapter	Title	Task	Vocabulary	Grammar
1	Hangul (1)	Practice Korean Alphabet - Listen and find the word - Listen and connect and draw a picture - Listen and correct the words - Find the word and mark it - Listen and write the word that matches the picture - Read the words		
2	Hangul (2)	Practice Korean Alphabet - Listen and write the words in order - listen and connect and draw a picture - Listen and correct the words - find the word and mark it - Listen and write the word that matches the picture - Read the words		
3	Hangul (3)	Practice Korean Alphabet - Listen and read - Listen and fill in the blanks - Read - Listen to the sentence and read - Listen and write		
4	My name is Yuri	Task 1 Greet and say your name Task 2 Listen to a dialogue of greetings and find the name of the person speaking Task 3 Read a message of greeting and write one	Vocabulary related to sex and name	이에요 은
5	Which country are you from?	Task 1 Ask about nationality and give an answer Task 2 Listen to a dialogue about nationality and speak Task 3 Read about and write a self-introduction	Vocabulary related to countries	이에요? 이 아니에요
6	Is this your book, Michael?	Task 1 Ask the name of things and give an answer Task 2 Listen to a dialogue about things and write Task 3 Read the text, then speak about an item you have	Vocabulary related to things	이 이/그/저
7	There are also Japanese people	Task 1 Ask how many people there are and give an answer Task 2 Listen to who is where and speak Task 3 Read and write about what is the home	Vocabulary related to places Vocabulary related to numbers 1	에 있다(에 있어요) 도

Chapter	Title	Task	Vocabulary	Grammar
8	What does your younger sister do?	Task 1 Ask about family relationships and give an answer Task 2 Listen to a family introduction and introduce your own family Task 3 Read a blog that introduces the family and write your own	Vocabulary related to the family. Action Verbs	-어요[1] 을
9	The scenery is beautiful	Task 1 Talk about hometowns with a friend and introduce the hometown of your friend Task 2 Listen to an introduction to a hometown and talk about it Task 3 Read an introduction to hometowns in a guidebook and write an introduction about your hometown	Descriptive verbs 1	-지 않다 ㅂ동사
10	Shall we eat bulgogi?	Task 1 Look at a menu and talk about the food Task 2 Listen to an introduction to a restaurant and write about a restaurant you like Task 3 Read about a variety of restaurant introductions and decide on what food to eat	Vocabulary related to Korean food	-을까요? -어요[2]
11	Please give us 2 orders of bulgogi and 1 naengmyeon.	Task 1 Order food at restaurant Task 2 Listen to a dialogue between a waiter and customer in a restaurant and speak in a dialogue about ordering food Task 3 Read an introduction to a restaurant and introduce a restaurant you like	Vocabulary related to numbers 2	하고 -으세요
12	I exercise from 3 to 5 o'clock.	Task 1 Ask about someone's daily schedule and give an answer Task 2 Listen to and write about a daily schedule Task 3 Read about someone's daily life and talk about a day in your life	Vocabulary related to time Vocabulary related to work	에[1] 부터 까지
13	What do you want to do on Saturday?	Task 1 Ask about the date and talk about what you want to do on that day Task 2 Listen to the dialogue and talk about what you want to do Task 3 Read the dialogue and write about what you want to do	Vocabulary related to the date and days	-고 싶다 에서
14	I'm going to the Dongdaemun Marketplace.	Task 1 Make plans for shopping with someone Task 2 Listen to a dialogue about a popular place for shopping and speak Task 3 Read and write an introduction to a store visited often	Vocabulary related to stores	에 가다 과
15	One is 10,000 won.	Task 1 Buy an item at a store Task 2 Listen to a dialogue about a desired item for shopping and speak Task 3 Read a story about gifts and write about a gift you want to give	Vocabulary related to gifts	에[2] 에게

内容構成

単元	タイトル	課題	語彙	文法
1	ハングル (1)	ハングル練習 - 聞いて単語を探す - 聞いて結び付け絵を作る - 聞いて単語を直して書く - 単語を探して示す - 聞いて絵に合う単語を書く - 単語を読む		
2	ハングル (2)	ハングル練習 - 聞いて単語の順序を書く - 聞いて結び付け絵を作る - 聞いて単語を直して書く - 単語を探して示す - 聞いて絵に合う単語を書く - 単語を読む		
3	ハングル (3)	ハングル練習 - 聞いて読む - 聞いて空欄を埋める - 読む - 文章を聞いて読む - 聞いて書く		
4	私の名前はユリです	課題1 挨拶して名前を言う 課題2 挨拶する会話を聞いて話している人の名前を探す 課題3 挨拶のメッセージを読んで挨拶する文を書く	姓と名前に関連する語彙	이에요 은
5	どの国の人ですか	課題1 国籍を聞いて答える 課題2 国籍について会話を聞いて話す 課題3 自己紹介を読んで自己紹介書を書く	国に関連する語彙	이에요? 이 아니에요
6	これがマイケルさんの本ですか	課題1 物の名前を聞いて答える 課題2 物についての会話を聞いて書く 課題3 文を読んで持っているものについて話す	物に関連する語彙	이 이/그/저
7	日本人もいます	課題1 何個ある、何人いるのか聞いて答える 課題2 誰がどこにいるのか聞いて話す 課題3 家の近くに何があるのか読んで書く	場所に関連する語彙 数に関連する語彙 1	에 있다(에 있어요) 도

単元	タイトル	課題	語彙	文法
8	弟は何をしますか	課題1 家族関係を聞いて答える 課題2 家族紹介を聞いて自分の家族を紹介する 課題3 家族紹介のブログを読んで家族を紹介するブログを作る	家族に関連する語彙 動詞	-어요[1] 을
9	景色が美しいです	課題1 友達と故郷の話をして友達の故郷を紹介する 課題2 故郷の紹介を聞いて故郷について話す 課題3 故郷の紹介案内書を読んで故郷を紹介する文を書く	形容詞	-지 않다 ㅂ동사
10	プルコギを食べましょうか	課題1 ニューを見て食べ物を話す 課題2 食堂の紹介を聞いて好きな食堂について書く 課題3 いろいろな食堂の紹介を読んで食堂と食べ物を決定する	韓国の食べ物に関する語彙	-을까요? -어요[2]
11	プルコギ2人前と冷麺ください	課題1 食堂で食べ物を注文する 課題2 食堂で従業員と客の会話を聞いて食べ物を注文する会話を作る 課題3 食堂を紹介する文を読んで好きな食堂を紹介する	数に関連する語彙 2	하고 -으세요
12	3時から5時まで運動をします	課題1 一日の生活について質問して答える 課題2 一日の日課に関する話を聞いて書く 課題3 日常生活の話を読んで自身の一日の生活を話す	時間に関連する語彙 日課に関連する語彙	에[1] 부터 까지
13	土曜日に何をしたいですか	課題1 日付を聞いてその日したいことを話す 課題2 したい事について話を聞いて話す 課題3 週末の話を読んでしたいことについて書く	日付と曜日を話すことができる	-고 싶다 에서
14	東大門市場に行きます	課題1 ショッピングの約束を決める 課題2 よく行くショッピングスポットについての会話を聞いて話す 課題3 よく行く店を紹介する文を読んで書く	店に関連する語彙	에 가다 과
15	ひとつで一万ウォンです	課題1 店で物を買う 課題2 ショッピングしたい物について会話を聞いて話す 課題3 プレゼントの話を読んで、あげたいプレゼントについて書く	プレゼントに関連する語彙	에[2] 에게

内容構成

课	题目	课堂练习	词汇	语法
1	字母(1)	字母练习 - 听录音找单词 - 听录音连线并画画儿 - 听单词并进行修改 - 找到单词并把它标示 - 听录音并写出与图画相对应的单词 - 读单词		
2	字母(2)	字母练习 - 听录音并写出单词的顺序 - 听录音连线并画画儿 - 听单词并进行修改 - 找到单词并把它标示 - 听录音并写出与图画相对应的单词 - 读单词		
3	字母(3)	字母练习 - 听和读 - 听录音并选词填空 - 读 - 听句子并练读 - 听和写		
4	我的名字叫有莉	课堂练习1 进行问候并说自己的名字 课堂练习2 听问候的对话并找出其中的人名 课堂练习3 阅读问候短信并写作问候文章	有关姓和名字的词汇	이에요 은
5	你是哪国人?	课堂练习1 询问并回答国籍 课堂练习2 听关于国籍的对话并进行口语练习 课堂练习3 阅读并写作自我介绍书	有关国家的词汇	이에요? 이 아니에요
6	这是麦克的书吗?	课堂练习1 询问并回答东西的名称 课堂练习2 听关于东西的对话并写作 课堂练习3 阅读文章并说说关于自己所带的东西	有关东西的词汇	이 이/그/저
7	还有日本人	课堂练习1 询问并回答有几个/有几名 课堂练习2 听听并说说谁在哪里 课堂练习3 阅读并写写家附近有些什么	有关场所的词汇 有关数量的词汇1	에 있다 (에 있어요) 도

课	题目	课堂练习	词汇	语法
8	弟弟是做什么的?	课堂练习1 对家族关系进行提问和回答 课堂练习2 听家族介绍并介绍自己的家族 课堂练习3 阅读并制作介绍家族成员的博客	有关家族的词汇 动词	-어요[1] 을
9	风景很美丽	课堂练习1 跟朋友谈谈故乡并介绍朋友的故乡 课堂练习2 听故乡的介绍并谈谈故乡 课堂练习3 阅读介绍故乡的指南书并写作介绍故乡的文章	形容词1	-지 않다 ㅂ동사
10	我们吃烤肉怎么样?	课堂练习1 看菜单并说一下菜 课堂练习2 听听餐厅介绍并写下自己喜欢的餐厅 课堂练习3 阅读各种餐厅的介绍并决定餐厅和菜式	有关韩国菜的词汇	-을까요? -어요[2]
11	请给我两份烤肉和一份冷面	课堂练习1 在餐厅点菜 课堂练习2 听餐厅里服务员和客人的对话并编一段点菜的对话 课堂练习3 阅读介绍餐厅的文章并介绍喜欢的餐厅	有关数量的词汇2	하고 -으세요
12	从三点到五点做运动	课堂练习1 对一天的生活进行提问并回答 课堂练习2 听关于一天日程的内容并写作 课堂练习3 阅读关于日常生活的文章并说说自己一天的生活	有关时间的词汇 有关日程的词汇	에[1] 부터 까지
13	星期六想做什么?	课堂练习1 询问日期并说说那天想做的事情 课堂练习2 听关于想做事情的对话并谈一谈 课堂练习3 阅读周末的故事并写一写想做的事情	有关日期和星期的词汇	-고 싶다 에서
14	我去东大门市场	课堂练习1 相约去购物 课堂练习2 听听关于常去购物场所的对话并进行口语练习 课堂练习3 阅读并写作介绍常去的商店的文章	有关商店的词汇	에 가다 과
15	一个一万元	课堂练习1 在商店买东西 课堂练习2 听听关于购物及想买东西的对话并进行口语练习 课堂练习3 阅读有关礼物的故事并写作关于送礼物的文章	有关礼物的词汇	에[2] 에게

Table of Contents

Textbook

Supplement

目次

目录

부록

▸ 1. 번역
2. 문법 활용연습
3. 듣기 지문
4. 모범 답안
5. 색인

Hangul

1. Summary

Hangul, the Korean alphabet, was invented in the 15th century by King Sejong and many scholars. King Sejong created Hangul because he felt sorry for the Korean people who were struggling with using Chinese characters, which was different from the spoken Korean language. King Sejong distributed Hangul to the people and helped them to use it easily.

Hangul is made up of 24 phonetic letters (10 vowels and 14 consonants). The consonants of Hangul represent the shape of the mouth when the letter is pronounced. The vowels are based on the three orders of heaven, earth, and man according to the principle of Yin and Yang (the cosmic dual forces).

To produce a syllable, consonants and a vowel should be combined together. The way of combination is as follows:

Vowel	ㅗ → 오
Consonant+Vowel	ㄴ + ㅏ → 나
Consonant+Vowel+Consonant	ㅅ + ㅗ + ㄴ → 손

2. Vowels

2.1 Pronunciation

Vowel sounds differ according to the shape of the mouth and position of the tongue.

Position of tongue	Front		Mid	Back
shape of mouth / Height of tongue	Unrounded	Rounded	Unrounded	Rounded
High	ㅣ	ㅟ	ㅡ	ㅜ
Central	ㅔ	ㅚ	ㅓ	ㅗ
Low	ㅐ		ㅏ	

2.2 Writing Method

Vowel strokes are written from top to bottom, and from left to right. They are positioned on the right of or below a consonant. In the case where the syllable starts with a vowel, the silent 'ㅇ' is written in the position of a consonant.

2.3 Diphthong vowels

Besides the 10 basic vowels, there are diphthong vowels such as:

ㅑ	ㅕ	ㅛ	ㅠ	ㅒ	ㅖ	ㅘ	ㅙ	ㅝ	ㅞ	ㅢ

3. Consonants

3.1 Pronunciation

The sounds of consonant differ according to the position and ways of producing the sound.

Manner of articulation \ Place of articulation		bilabial	tongue-tip alveolar	alveo-palatal	velar	glottal
voiceless	plain	ㅂ	ㄷ, ㅅ	ㅈ	ㄱ	ㅎ
	tense	ㅃ	ㄸ, ㅆ	ㅉ	ㄲ	
	aspirated	ㅍ	ㅌ	ㅊ	ㅋ	
voiced	nasal	ㅁ	ㄴ		ㅇ	
	liquid		ㄹ			

3.2 Writing Method

Consonant strokes are written from top to bottom, and from left to right. They are positioned on the left of or above a vowel. Consonants may be written below a vowel and in this case, the consonant is called a final consonants.

3.3 Names

The names of the Korean consonants are as follows:

Consonants	ㄱ	ㄴ	ㄷ	ㄹ	ㅁ	ㅂ	ㅅ	ㅇ	ㅈ
Names	기역	니은	디귿	리을	미음	비읍	시옷	이응	지읒

ㅊ	ㅋ	ㅌ	ㅍ	ㅎ	ㄲ	ㄸ	ㅃ	ㅆ	ㅉ
치읓	키읔	티읕	피읖	히읗	쌍기역	쌍디귿	쌍비읍	쌍시옷	쌍지읒

3.4 Final consonants

Consonants written below a vowel are called final consonants.
All the consonants may be used as final consonants but the pronunciation is limited to only 7 consonants [ㄱ],[ㄴ],[ㄷ],[ㄹ],[ㅁ],[ㅂ],[ㅇ].

Final consonant letters	Final consonant sound	Example
ㄱ,ㄲ,ㅋ	[ㄱ]	국, 밖, 부엌
ㄴ	[ㄴ]	돈
ㄷ,ㅅ,ㅆ,ㅈ,ㅊ,ㅌ,ㅎ	[ㄷ]	듣다, 옷, 있다, 낮, 닻, 밑, 히읗
ㄹ	[ㄹ]	별
ㅁ	[ㅁ]	김치
ㅂ,ㅍ	[ㅂ]	집, 앞
ㅇ	[ㅇ]	공

In the position of a final consonant, there can be two final consonants together, and this is called a double final consonant. If the double final consonant comes at the end of a word-phrase, or if a consonant follows, only one of the consonants is pronounced. If a vowel follows, two final consonants are pronounced subsequently as 몫이[목씨], 읽으세요 [일그세요].

ハングル

1. 概要

ハングルは韓国語の文字で世宗大王と集賢殿の学者たちによって15世紀に誕生した。世宗大王は国民が韓国語とは違う漢字を文字として使用する不便さを味わうことを痛ましく思いハングルを作り出し、これを頒布し簡単に使用するようにした。

ハングルは母音10字、子音14字、合計24字の子母で成り立つ音素文字だ。ハングルの子音は声を出すときの口の形を模して作られ、ハングルの母音は天、地、人、そして宇宙の相反する二つの気である陰と陽の原理を基に作られた。

ハングルの音節を完成させるためには子音と母音を結合しなければならないが、その方法には大きく3つがある。

母音	ㅗ → 오
子音+母音	ㄴ + ㅏ → 나
子音+母音+子音	ㅅ + ㅗ + ㄴ → 손

2. 母音

2.1 発音

母音は唇の形と舌の高さによってその音が違う。

舌の最高点の位置	前(前舌母音)		中間(中舌母音)	後ろ(後舌母音)
唇の形 / 舌の高さ	丸くない唇の形(平唇母音)	丸い唇の形(円唇母音)	丸くない唇の形(平唇母音)	丸くない唇の形(円唇母音)
高い(高母音)	ㅣ	ㅟ	ㅡ	ㅜ
中間(中母音)	ㅔ	ㅚ	ㅓ	ㅗ
低い(低母音)	ㅐ		ㅏ	

2.2 書き方

母音は上から下へ、左から右へ書くのが原則で子音の右側や下に位置する。母音で始まる音節の場合は子音の位地に音に値しないㅇを書く。

2.3 二重母音

上の10の基本母音のほかにも次のような二重母音がある。

ㅑ	ㅕ	ㅛ	ㅠ	ㅒ	ㅖ	ㅘ	ㅙ	ㅝ	ㅞ	ㅢ

3. 子音

3.1 発音

子音は音を出す位置と方法によってその音が違う。

音の性質 ＼ 音を出す位置		唇	上の歯茎 舌先	硬口蓋 舌の中央	軟口蓋 舌の奥	喉の間
鳴らない音	平音	ㅂ	ㄷ, ㅅ	ㅈ	ㄱ	ㅎ
	濃音	ㅃ	ㄸ, ㅆ	ㅉ	ㄲ	
	激音	ㅍ	ㅌ	ㅊ	ㅋ	
鳴る音	鼻音	ㅁ	ㄴ		ㅇ	
	流音		ㄹ			

3.2 書き方

子音は上から下に、左から右に書くのが原則で、母音の左側や上に位置する。母音の下に子音を書くこともあるが、このときこの子音をパッチムという。

3.3 名前

ハングルの子音の名前は次のとおりである。

子音	ㄱ	ㄴ	ㄷ	ㄹ	ㅁ	ㅂ	ㅅ	ㅇ	ㅈ
名前	기역	니은	디귿	리을	미음	비읍	시옷	이응	지읒

ㅊ	ㅋ	ㅌ	ㅍ	ㅎ	ㄲ	ㄸ	ㅃ	ㅆ	ㅉ
치읓	키읔	티읕	피읖	히읗	쌍기역	쌍디귿	쌍비읍	쌍시옷	쌍지읒

3.4 パッチム

母音の下に使う子音をパッチムという。

ハングルではすべての子音がパッチムとして使うことができるがその音は[ㄱ], [ㄴ], [ㄷ], [ㄹ], [ㅁ], [ㅂ], [ㅇ] の7つでのみ発音される。

パッチム文字	パッチム音	単語
ㄱ,ㄲ,ㅋ	[ㄱ]	국, 밖, 부엌
ㄴ	[ㄴ]	돈
ㄷ,ㅅ,ㅆ,ㅈ,ㅊ,ㅌ,ㅎ	[ㄷ]	듣다, 옷, 있다, 낮, 닻, 밑, 히읗
ㄹ	[ㄹ]	별
ㅁ	[ㅁ]	김치
ㅂ,ㅍ	[ㅂ]	집, 앞
ㅇ	[ㅇ]	공

パッチムの場所で互いに違う二つの子音が重なることを二重パッチムという。二重パッチムが語節の最後に来たり次の子音が来たときは、代表音をひとつだけ発音する。後ろに母音が来たときは몫이[목씨], 읽으세요 [일그세요]のように二つの子音をつなげてすべて発音する。

韩文

1. 概要

韩文作为韩国语的文字诞生于15世纪，是世宗大王和集贤殿的学者们共同创制的。当时世宗大王看到了百姓们在使用与韩国语体系完全不同的中国文字时的不便，于是便创造并颁布了韩文，以方便百姓的使用。

韩文是由10个元音和14个辅音，共24个字母组成的音素文字。韩文的辅音是仿照发音时发音器官的模样而创造的，元音是根据天、地、人，以及宇宙中互为相反气韵的阴阳原理创造而成的。

组成一个完整的韩文音节需要辅音与元音的配合，大致可分为以下三种方法：

元音	ㅗ → 오
辅音+元音	ㄴ + ㅏ → 나
辅音+元音+辅音	ㅅ + ㅗ + ㄴ → 손

2. 元音

2.1 发音

元音的发音根据嘴唇的形状以及舌位的高低而不同。

舌位	前(前元音)		央(央元音)	后(后元音)
唇形 / 舌位高低	不圆唇(不圆唇元音)	圆唇(圆唇元音)	不圆唇(不圆唇元音)	圆唇(圆唇元音)
高(高元音)	ㅣ	ㅟ	ㅡ	ㅜ
中(中元音)	ㅔ	ㅚ	ㅓ	ㅗ
低(低元音)	ㅐ		ㅏ	

2.2 书写方法

元音的书写以从上往下，从左到右为原则，且位置位于辅音的右侧或下侧。以元音为首的音节则在辅音位置书写不发音的‘ㅇ’。

2.3 二合元音

除了上面10个基本元音之外，还有如下的二合元音。

ㅑ	ㅕ	ㅛ	ㅠ	ㅒ	ㅖ	ㅘ	ㅙ	ㅝ	ㅞ	ㅢ

3. 辅音

3.1 发音

辅音根据发音部位及发音方法不同。

发音性质＼发音部位		双唇	上齿龈舌尖	硬腭舌面	软腭舌根	喉
清音	松音	ㅂ	ㄷ, ㅅ	ㅈ	ㄱ	ㅎ
	紧音	ㅃ	ㄸ, ㅆ	ㅉ	ㄲ	
	送气音	ㅍ	ㅌ	ㅊ	ㅋ	
浊音	鼻音	ㅁ	ㄴ		ㅇ	
	边音		ㄹ			

3.2 书写方法

辅音的书写以从上到下，从左到右为原则，且位置位于元音的左侧或上侧。辅音也可位于元音的下面，这时称为收音。

3.3 名称

辅音的名称如下：

辅音	ㄱ	ㄴ	ㄷ	ㄹ	ㅁ	ㅂ	ㅅ	ㅇ	ㅈ
名称	기역	니은	디귿	리을	미음	비읍	시옷	이응	지읒

ㅊ	ㅋ	ㅌ	ㅍ	ㅎ	ㄲ	ㄸ	ㅃ	ㅆ	ㅉ
치읓	키읔	티읕	피읖	히읗	쌍기역	쌍디귿	쌍비읍	쌍시옷	쌍지읒

3.4 收音

位于元音下面的辅音称为收音。韩文中所有的辅音都可作为收音使用，但其发音只有[ㄱ]，[ㄴ]，[ㄷ]，[ㄹ]，[ㅁ]，[ㅂ]，[ㅇ] 这7个。

收音字母	发音	例
ㄱ,ㄲ,ㅋ	[ㄱ]	국, 밖, 부엌
ㄴ	[ㄴ]	돈
ㄷ,ㅅ,ㅆ,ㅈ,ㅊ,ㅌ,ㅎ	[ㄷ]	듣다, 옷, 있다, 낮, 닻, 밑, 히읗
ㄹ	[ㄹ]	별
ㅁ	[ㅁ]	김치
ㅂ,ㅍ	[ㅂ]	집, 앞
ㅇ	[ㅇ]	공

当两个不同的辅音相结合位于收音的位置时，称为双收音。当双收音位于语句末尾或后一音节以辅音开头时，只发其中一个音。当其后面跟元音时，如‘몫이[목씨]，읽으세요[일그세요]’，则两个辅音都发音。

제 1 과

한글(1)

Hangul(1)

ハングル(1)

韩文(1)

- **Objectives** to be able to read and write the Korean vowels (ㅏ, ㅓ, ㅗ, ㅜ, ㅡ, ㅣ, ㅐ, ㅔ, ㅚ, ㅟ)
  to be able to read and write the Korean consonants (ㄱ, ㄴ, ㄷ, ㄹ, ㅁ, ㅂ, ㅅ, ㅇ, ㅈ)

- **学習目標** ハングルの母音(ㅏ, ㅓ, ㅗ, ㅜ, ㅡ, ㅣ, ㅐ, ㅔ, ㅚ, ㅟ)を読んで書くことができる
  ハングルの子音(ㄱ, ㄴ, ㄷ, ㄹ, ㅁ, ㅂ, ㅅ, ㅇ, ㅈ)を読んで書くことができる

- **学习目标** 能够读写韩文的元音(ㅏ, ㅓ, ㅗ, ㅜ, ㅡ, ㅣ, ㅐ, ㅔ, ㅚ, ㅟ)
  能够读写韩文的辅音(ㄱ, ㄴ, ㄷ, ㄹ, ㅁ, ㅂ, ㅅ, ㅇ, ㅈ)

제2과

한글(2)

Hangul(2)

ハングル(2)

韩文(2)

- **Objectives** to be able to read and write the Korean consonants (ㅊ, ㅋ, ㅌ, ㅍ, ㅎ/ ㄲ, ㄸ, ㅃ, ㅆ, ㅉ)
  to be able to read and write the Korean vowels (ㅑ, ㅕ, ㅛ, ㅠ, ㅒ, ㅖ, ㅘ, ㅙ, ㅝ, ㅞ, ㅢ)

- **学習目標** ハングルの子音(ㅊ, ㅋ, ㅌ, ㅍ, ㅎ/ ㄲ, ㄸ, ㅃ, ㅆ, ㅉ)を読んで書くことができる
  ハングルの母音(ㅑ, ㅕ, ㅛ, ㅠ, ㅒ, ㅖ, ㅘ, ㅙ, ㅝ, ㅞ, ㅢ)を読んで書くことができる

- **学习目标** 能够读写韩文的辅音(ㅊ, ㅋ, ㅌ, ㅍ, ㅎ/ ㄲ, ㄸ, ㅃ, ㅆ, ㅉ)
  能够读写韩文的元音(ㅑ, ㅕ, ㅛ, ㅠ, ㅒ, ㅖ, ㅘ, ㅙ, ㅝ, ㅞ, ㅢ)

제3과

한글(3)

Hangul(3)

ハングル(3)

韩文(3)

- **Objectives** to be able to read and write the Korean final consonants
  to be able to read and write Korean sentences

- **学習目標** ハングルのパッチムを読んで書くことができる
  ハングルでできた文章を読んで書くことができる

- **学习目标** 能够读写韩文的收音
  能够读写韩语句子

받침

EN

Final consonant pronunciation: Although all the consonants may be used as a final consonant, the pronunciation is limited to only 7 consonants: [ㄱ],[ㄴ],[ㄷ],[ㄹ],[ㅁ],[ㅂ],[ㅇ].

JP

パッチムの発音：

ハングルではすべての子音がパッチムとして使うことができるがその音は[ㄱ],[ㄴ],[ㄷ],[ㄹ],[ㅁ],[ㅂ],[ㅇ]の7つでのみ発音される

CH

收音的发音：

韩文中所有的辅音都可作为收音使用，但其发音只有[ㄱ],[ㄴ],[ㄷ],[ㄹ],[ㅁ],[ㅂ],[ㅇ] 这7个。

겹받침

EN

Differing double consonants are found only in a final consonant position. When they come at the end of a word-phrase or are followed by a consonant, only one of the consonants are pronounced. If a vowel follows, such as in '앉아서 [안자서], 읽으세요 [일그세요]', both consonants are pronounced.

JP

韓国語で二重子音はパッチムにのみ存在する。語節の最後に来たり、次の子音が来たら代表音ひとつだけ発音する。後に母音が来たら'앉아서[안자서], 읽으세요[일그세요]'のように二つの子音をつなげてすべて発音する。

CH

韩语里的双辅音只存在于收音中。当双收音位于语句末尾或后一音节以辅音开头时，只发其中的一个音。当其后面跟元音时，如'앉아서[안자서], 읽으세요 [일그세요]'，则两个辅音都发音。

받침 글자	대표 소리	단어	소리
ㄳ	[ㄱ]	몫	[목]
ㄵ	[ㄴ]	앉다	[안따]
ㄶ	[ㄴ]	많다	[만타]
ㄺ	[ㄱ]	읽다	[익따]
ㄻ	[ㅁ]	젊다	[점따]
ㄼ	[ㄹ]/[ㅂ]	여덟/밟다	[여덜]/[밥따]
ㄽ	[ㄹ]	외곬	[외골]
ㄾ	[ㄹ]	핥다	[할따]
ㄿ	[ㅂ]	읊다	[읍따]
ㅀ	[ㄹ]	잃다	[일타]
ㅄ	[ㅂ]	없다	[업따]

제4과

제 이름은 유리예요

My name is Yuri

私の名前はユリです

我的名字叫有莉

- Objectives — to be able to greet in Korean
- Vocabulary — to be well(hello), yes, my, name, I, to be glad to meet (Glad to meet you)
  Vocabulary related to sex and name
- Grammar — 이에요, 은
- Task — Greet and say your name
  Listen to a dialogue of greetings and find the name of the person speaking
  Read a message of greeting and write one

- 学習目標 — 韓国語で挨拶ができる
- 語彙 — 元気だ/無事だ(こんにちは)、はい、私の、名前、私、嬉しい(会えて嬉しいです)
  姓と名前に関連する語彙
- 文法 — 이에요, 은
- 課題 — 挨拶して名前を言う
  挨拶する会話を聞いて話している人の名前を探す
  挨拶のメッセージを読んで挨拶する文を書く

- 学习目标 — 能够用韩语进行问候
- 词汇 — 安好(你好)，是，我的，名字，我，高兴(见到你很高兴)
  有关姓和名字的词汇
- 语法 — 이에요, 은
- 课堂练习 — 进行问候并说自己的名字
  听问候的对话并找出其中的人名
  阅读问候短信并写作问候文章

EN

Yuri	Hello.
Stefan	Hello.
Yuri	My name is Yuri.
Stefan	My name is Stefan. Nice to meet you.

JP

ユリ	こんにちは。
シュテファン	はい、こんにちは。
ユリ	私の名前はユリです。
シュテファン	私はシュテファンです。お会いできて嬉しいです。

CH

有　莉	你好!
史蒂芬	你好!
有　莉	我的名字叫有莉。
史蒂芬	我叫史蒂芬。见到你很高兴。

문법

1 이에요/예요

- '이다' is placed with a noun to make the noun function like an action or descriptive verb. '이다' is used to express the character or state of the subject in a sentence or to state something. '이에요/예요' is used when you are politely speaking with someone.
- When the noun ends with a consonant, use '이에요'. When the noun ends with a vowel, use '예요'.

- It's my book.
- I'm a doctor.
- I'm Hyunjun Lee.
- My name is Minsu.

- '이다'は名詞について名詞が動詞や形容詞のように主語を叙述することができるようにする。'이다'は文章の主語についての属性や状態を説明したり、何かを指定して話すときに使う。'이에요/예요'は会話で相手を尊重して話すときに使う。
- 子音で終わる名詞の後には'이에요'を、母音で終わる名詞の後には'예요'を使う。

- 私の本です。
- 私は医師です。
- イ・ヒョンジュンです。
- 私の名前はミンスです。

- '이다'用于名词后，使得名词可以像动词或形容词一样来叙述主语。'이다'主要在对句子主语的属性或状态进行说明，或是指定一件事情时使用。对话中表示对对方的尊重时用'이에요/예요'。
- 以辅音结尾的名词后用'이에요'，以元音结尾的名词后用'예요'。

- 这是我的书。
- 我是医生。
- 我是李贤俊。
- 我的名字叫敏洙。

문법

2 은/는

- This particle is used with a noun to indicate the subject or topic of a sentence. It is also used to show comparison or emphasis.
- When the noun ends with a consonant, use '은'. When the noun ends with a vowel, use '는'. '은/는' can be used with other particles, as in '에는' and '에서는', but cannot be used with the subject particles '이/가', or object particles '을/를', or '도'.

- My name is Youngju.
- I am a student.
- This is my book.
- Minjun is Korean.

- 名詞の後に付き文章のテーマや話題を表示してくれる助詞である。対照や強調を表すこともできる。
- 名詞が子音で終わるときは'은'を使い、名詞が母音で終わるときは'는'を使う。'은/는'は、'에는', '에서는'のように他の助詞と結合できるが、主格の助詞'이/가'と目的格の助詞 '을/를'、そして'도'とは一緒に使えない。

- 私の名前はヨンジュです。
- 私は学生です。
- これは私の本です。
- ミンジュンさんは韓国人です。

- 用于名词后，是表示句子主题或话题的助词。或表示对比或强调。
- 名词以辅音结尾用'은'，以元音结尾用'는'。'은/는'可以像'에는'、'에서는'一样与其他助词结合使用，但不能与主格助词'이/가'、宾格助词'을/를'，以及'도'一起使用。

- 我的名字是英珠。
- 我是学生。
- 这是我的书。
- 民俊是韩国人。

문화

EN

First and Last Names

In Korea, we write the last name first and then the first name.

Usually the last name is one syllable and the first name is 2 syllables.

Your last name does not change even after you are married.

JP

姓と名前

韓国では姓を前に、名前を後に使う。

普通姓は一文字、名前は二文字で結婚しても姓が変わらない。

CH

姓与名

在韩国是姓在前，名在后。

一般来说姓是一个字，名是两个字，就算结婚了姓也不会变。

제5과

어느 나라 사람이에요?

Which country are you from?

どの国の人ですか

你是哪国人?

- **Objectives** to be able to ask about nationality and give an answer
- **Vocabulary** United States of America, person, no, which, country, Germany
  Vocabulary related to countries
- **Grammar** 이에요?, 이 아니에요
- **Task** Ask about nationality and give an answer
  Listen to a dialogue about nationality and speak
  Read about and write a self-introduction

- **学習目標** 国籍を聞いて答えられる
- **語彙** アメリカ、人、いいえ、どの、国、ドイツ
  国に関連する語彙
- **文法** 이에요?, 이 아니에요
- **課題** 国籍を聞いて答える
  国籍についての会話を聞いて話す
  自己紹介を読んで自己紹介書を書く

- **学习目标** 能够询问并回答国籍。
- **词汇** 美国，人，不，哪个，国家，德国
  有关国家的词汇
- **语法** 이에요?, 이 아니에요
- **课堂练习** 询问并回答国籍
  听关于国籍的对话并进行口语练习
  阅读并写作自我介绍书

EN

Youngju	Stefan, are you an American?
Stefan	No, I am not an American.
Youngju	Which country are you from?
Stefan	I am German.

JP

ヨンジュ	シュテファンさん、アメリカ人ですか。
シュテファン	いいえ、アメリカ人ではありません。
ヨンジュ	どの国の人ですか。
シュテファン	ドイツ人です。

CH

英　珠	史蒂芬，你是美国人吗？
史蒂芬	不是，我不是美国人。
英　珠	你是哪国人？
史蒂芬	我是德国人。

문법

1 이에요/예요?

- This is placed after a noun and is used when you are asking about the character or state of the subject in the sentence. It is the interrogative form of '이에요/예요' and is followed by a question mark.
- When the noun ends with a consonant, use '이에요?'. When the noun ends with a vowel, use '예요?'.

- What is the date today?
- What country are you from?
- What is your name?
- Is that person Shaoming?

- 名詞に付き文章の主語に対する属性や状態を聞くときに使う。'이에요/예요.'の疑問形である。'？'は文章の最後に使う。
- 前の名詞が子音で終わるときは'이에요?'を使い、母音で終わるときは'예요?'を使う。

- 今日は何日ですか。
- どの国の人ですか。
- 名前が何ですか。
- あの人がシャオミンさんですか。

- 用于名词后，表示对有关句子主语的属性或状态进行提问。是'이에요/예요'的疑问形式。'?'用在句尾。
- 前面的名词以辅音结尾的用'이에요?'，以元音结尾的用'예요?'。

- 今天几号？
- 你是哪国人？
- 你叫什么名字？
- 那个人是小明吗？

2 이/가 아니에요

- This is placed after a noun and is the negation of '이에요/예요'.
- When the noun ends with a consonant, use '이 아니에요'. When the noun ends with a vowel, use '가 아니에요'.

- I am not Japanese.
- Linda is not a teacher.
- This is not a textbook.
- Johnson is not a doctor.

- 名詞の後に使われ'이에요/예요'の否定形だ。
- 前の名詞が子音で終わるときは'이 아니에요'を使い、母音で終わるときは'가 아니에요'を使う。

- 私は日本人ではありません。
- リンダさんは先生ではありません。
- これは教科書ではありません。
- ジョンスンさんは医師ではありません。

- 用于名词后，是'이에요/예요'的否定形式。
- 前面的名词以辅音结尾的用'이 아니에요'，以元音结尾的用'가 아니에요'。

- 我不是日本人。
- 琳达不是老师。
- 这不是教科书。
- 约翰不是医生。

제6과

이것이 마이클 씨 책이에요?
Is this your book, Michael?
これがマイケルさんの本ですか
这是麦克的书吗?

- **Objectives** to be able to say the name of an item you have
- **Vocabulary** this (thing), book, that (thing), what, dictionary
  Vocabulary related to things
- **Grammar** 이, 이/그/저
- **Task** Ask the name of things and give an answer
  Listen to a dialogue about things and write
  Read the text, then speak about an item you have

- **学習目標** 持っているものの名前を話すことができる
- **語彙** これ、本、あれ、何、辞書
  物に関連する語彙
- **文法** 이, 이/그/저
- **課題** 物の名前を聞いて答える
  物についての会話を聞いて書く
  文を読んで持っているものについて話す

- **学习目标** 能够说出自带东西的名称
- **词汇** 这个，书，那个，什么，词典
  有关东西的词汇
- **语法** 이, 이/그/저
- **课堂练习** 询问并回答东西的名称
  听关于东西的对话并写作
  阅读文章并说说关于自己所带的东西

EN

Youngju	Is this your book, Michael?
Michael	Yes, it's mine.
Youngmi	What is that?
Michael	That is my dictionary.

JP

ヨンジュ	これがマイケルさんの本ですか。
マイケル	はい、私の本です。
ヨンジュ	あれは何ですか。
マイケル	あれは私の辞書です。

CH

英　珠	这是你的书吗?
麦　克	是的，这是我的书。
英　珠	那个是什么?
麦　克	那是我的词典。

문법

1 이/가

- This particle is placed after a noun to indicate that the noun is the subject of the sentence.
- When the noun ends with a consonant, use '이'. When it ends with a vowel, use '가'.
  When it is used with the personal nouns '나, 너, 저' and the interrogative pronoun '누구', it changes to '내가', '네가', '제가', and '누가'.

  - This is a book.
  - My friend is a Korean person.
  - Who is Yuri?
  - I am Yuri.

- 名詞の後に付きその名詞が文章の主語であることを表す助詞である。
- 名詞が子音で終わるときは'이'を使い、母音で終わるときは'가'を使う。人称代名詞'나, 너, 저'と疑問代名詞'누구'に'가'が結合すると'내가'、'네가'、'제가'、'누가'になる。

  - これが本です。
  - 友達が韓国人です。
  - 誰がユリさんですか。
  - 私がユリです。

- 用于名词后，是表示名词是句子主语的助词。
- 名词以辅音结尾的用'이'，以元音结尾的用'가'。'가'与人称代词'나'、'너'、'저'和疑问代词'누구'结合时变为'내가'、'네가'、'제가'、'누가'。

  - 这是书。
  - 朋友是韩国人。
  - 谁是有莉？
  - 我是有莉。

2 이/그/저

- 이: This adnominal form is used in front of a noun to refer to someone or something that is near the speaker. It is also used to refer to a statement just mentioned.
- 그: This adnominal form is used in front of a noun to refer to someone or something that is near the listener, from the viewpoint of the speaker. It can also be used to refer to something that the speaker and listener both know or a statement mentioned before.
- 저: This adnominal form is used in front of a noun to refer to something or someone that is far from both the speaker and listener.

- This book is my book.
- Is that person an American?
- That is not a textbook.
- That is our school.

- 이(この): 名詞の前に使う冠形詞である。話し手の近くにある人や物を示すときに使う。また今話した事実を示すときに使う。
- 그(その): 名詞の前に付く冠形詞である。話し手のほうから見るとき聞き手の近くにある人や物を示すときに使う。また、前に言及されたり話し手と聞き手が両方とも知っている事実や物を示すときに使う。
- 저(あの): 名詞の前に使う冠形詞である。話し手と聞き手両方から遠く離れている物や人を示すときに使う。

- この本が私の本です。
- その人はアメリカ人ですか。
- それは教科書ではありません。
- あれが私の学校です。

- 이: 用于名词前的冠词。指离说话人很近的人或东西，也用于表示现在所说的事实。
- 그: 用于名词前的冠词。指从说话人的角度看，离听话人较近的人或东西。也用于表示之前提到过的或说话人与听话人都知道的事实或东西。
- 저: 用于名词前的冠词。指离说话人和听话人都较远的人或东西。

- 这本书是我的。
- 那个人是美国人吗？
- 那个不是教科书。
- 那是我们学校。

제 7 과

일본 사람도 있어요
There are also Japanese people
日本人もいます
还有日本人

- **Objectives** to be able to ask where something or someone is and give an answer
- **Vocabulary** classroom, how many, number of people, three
  Vocabulary related to places and numbers1
- **Grammar** 에 있다(에 있어요), 도
- **Task** Ask how many people there are and give an answer
  Listen to who is where and speak
  Read and write about what is around the house

- **学習目標** どこに物がある、人がいるのか聞いて答えられる
- **語彙** 教室、何、名、三
  場所に関連する語彙
  数に関連する語彙1
- **文法** 에 있다(에 있어요), 도
- **課題** 何個ある、何人いるのか聞いて答える
  誰がどこにいるのか聞いて話す
  家の近くに何があるのか読んで書く

- **学习目标** 能够询问并回答事物或人在哪里
- **词汇** 教室，几，名，三
  有关场所的词汇
  有关数量的词汇1
- **语法** 에 있다(에 있어요), 도
- **课堂练习** 询问并回答有几个/有几名
  听听并说说谁在哪里
  阅读并写写家附近有些什么

EN

Youngju	Are there Chinese people in that classroom?
Michael	Yes, there are. There are also Japanese people.
Youngju	How many Japanese people are there?
Michael	There are three.

JP

ヨンジュ	その教室に中国人がいますか。
マイケル	はい、います。日本人もいます。
ヨンジュ	日本人が何名いますか。
マイケル	三名います。

CH

英 珠	那个教室里有中国人吗？
麦 克	有。还有日本人。
英 珠	有几名日本人呢？
麦 克	有三名。

문법

1 에 있다(에 있어요)

- '에' is a particle that is placed after a noun to show the location of a person or object. There are 2 meanings for '있다'. It can be used to show that the speaker is in possession of something. It can also be used to show that something exists in a specified place. So '에 있다' is used to show the second meaning of existence.

  - Youngju is in the classroom.
  - The wallet is in the bag.
  - Shanghai is in China.
  - Where is the bank?

- '에'は場所を表す名詞の後に付き人や物の位置を表す助詞である。'있다'の意味は二つである。話す人が持っている所有の意味として使うことができ、特定の場所にそれが存在するという意味で使うことができる。'에 있다'はそのうち存在の意味をあらわすとき使われる。

  - ヨンジュが教室にいます。
  - 財布がカバンにあります。
  - 上海が中国にあります。
  - 銀行がどこにありますか。

- '에'是用于表场所名词后的助词，表示人或事物所处的位置。'있다'有两个含义，既能表示为人所有的含义，也能表示在特定场所中某样东西存在的意思。'에 있다'表示其中存在的含义。

  - 英珠在教室里。
  - 钱包在包里。
  - 上海在中国。
  - 银行在哪里？

2 도

- This particle is placed after a noun and is used when describing similar things in repetition.

  - I have a pencil. I also have a pen.
  - There is a bank at the student union. There is also a restaurant.
  - Shaoming is a company worker. Stefan is also a company worker.
  - Michael is American. James is also American.

- '도'は名詞の後に付き同じことや似た内容が反復して叙述されるときに使う助詞である。

  - 鉛筆があります。ボールペンもあります。
  - 学生会館に銀行があります。食堂もあります。
  - シャオミンさんは会社員です。シュテファンさんも会社員です。
  - マイケルさんはアメリカ人です。ジェームスさんもアメリカ人です。

- '도'是用于名词后的助词，表示反复叙述相同或相似的内容。

  - 我有铅笔，也有圆珠笔。
  - 学生会馆里有银行，也有食堂。
  - 小明是公司职员，史蒂芬也是公司职员。
  - 麦克是美国人，詹姆斯也是美国人。

제8과

동생은 무엇을 해요?

What does your younger sister do?

弟は何をしますか

弟弟是做什么的?

- **Objectives** to be able to introduce your family
- **Vocabulary** family, father, mother, younger brother or sister, to do, to study
  Vocabulary related to the family
  Action verbs
- **Grammar** -어요[1], 을
- **Task** Ask about family relationships and give an answer
  Listen to a family introduction and introduce your own family
  Read a blog that introduces the family and write your own

- **学習目標** 家族を紹介できる
- **語彙** 家族、お父さん、お母さん、弟/妹、する、勉強する
  家族に関連する語彙
  動詞
- **文法** -어요[1], 을
- **課題** 家族関係を聞いて答える
  家族紹介を聞いて自分の家族を紹介する
  家族紹介のブログを読んで家族を紹介するブログを作る

- **学习目标** 能够介绍家人
- **词汇** 家人，爸爸，妈妈，弟弟(妹妹)，做，学习
  有关家族的词汇
  动词
- **语法** -어요[1], 을
- **课堂练习** 对家族关系进行提问和回答
  听家族介绍并介绍自己的家族
  阅读并制作介绍家族成员的博客

EN

Michael	How many members are there in your family?
Shaoming	We are four altogether with my father, mother, younger sister, and me.
Michael	What does your younger sister do?
Shaoming	She studies Japanese.

JP

マイケル	家族が何名ですか。
シャオミン	お父さん、お母さん、弟、私、みんなで4名です。
マイケル	弟は何をしますか。
シャオミン	日本語を勉強します。

CH

麦　克	你家有几口人？
小　明	爸爸、妈妈、弟弟、我，一共4名。
麦　克	弟弟是做什么的？
小　明	弟弟在学习日语。

문법

1 -어요/ 아요/ 여요[1]

- This is an informal style final ending that is placed after an action verb or descriptive verb stem and is used frequently in every day conversations with people you respect. Depending on your intonation, this can be used in the declarative or interrogative form. Depending on the context and flow, it can be used in the imperative or suggestive form.
- When the action or descriptive verb stem ends with 'ㅏ or ㅗ', use '-아요'. When the verb stem ends with other vowels, use '-어요'. When the verb ends with '하다', use '-여요', which is often contracted to '해요'. There are cases when deletions or contractions occur when the vowel of the verb stem come together with the initial vowel of this ending.

- 動詞や形容詞の語幹に付く非格式体終結語尾である。これは相手を尊重するとき使用する形で日常会話で広く使われる。イントネーションによって平叙形、疑問形として使われる。脈絡によって命令形、勧誘系でも使用することができる。
- 動詞や形容詞の語幹の最後の音節に'ㅏ, ㅗ'があるときは'-아요'を使い、そうでないときは'-어요'を使う。'하다'には'-여요'を使うが主に短くして'해요'を使う。語幹の母音と語尾の最初の母音がひとつになり省略されたり縮約されるときもある。

- 用在动词或形容词词干后的非格式体句尾。用于日常对话中，表示尊重对方。根据语调不同，可以用于叙述式、疑问式。根据上下文的不同，可以用于命令式、共动式。
- 动词或形容词词干的尾音节是'ㅏ、ㅗ'的，词干后加'-아요'。如果不是，词干后加'-어요'。'하다'的后面加'-여요'，一般缩写成'해요'。词干的元音和词尾的第一个元音相遇时，有时可以省略或简缩。

2 을/를

- This is a particle that is placed after a noun to indicate that it is the object of the sentence.
- When the noun ends with a consonant, use '을'. When the noun ends with a vowel, use '를'.

- My friend reads a book.
- We eat kimbab for lunch.
- I study Korean.
- Michael drinks coffee.

- 名詞の後に付き、その名詞が文章の目的語であることを表す助詞である。
- 名詞が子音で終わるときは'을'を使い名詞が母音で終わるときは'를'を使う。

- 友達が本を読みます。
- お昼に海苔巻きを食べます。
- 私は韓国語を勉強します。
- マイケルさんはコーヒーを飲みます。

- 用在名词后，表示该名词作为句子宾语的助词。
- 名词以辅音结尾的用'을'，名词以元音结尾的用'를'。

- 朋友在读书。
- 中午吃紫菜包饭。
- 我学习韩语。
- 麦克喝咖啡。

문화

EN

Family member titles

Koreans use family member titles with people who are not a part of their family. For example, a woman might call a close friend who is older '언니' or '오빠'. In addition, people even call the mother of a friend, '어머니'.

JP

家族の呼称

韓国では家族ではない人にも家族の呼称を使う。たとえば親しい場合女性が自分より年上の人を'お姉さん(オンニ)'または'お兄さん(オッパ)'と呼ぶことができる。また友達のお母さんを'お母さん'と呼ぶこともある。

CH

家庭称谓

在韩国，对不是家族成员的外人也可以使用家庭称谓。例如，如果是女性的话，对比自己大的，比较亲近的人，可以称呼她或他为'언니'(姐姐)或'오빠'(哥哥)。对朋友的妈妈，你也可以称呼为'어머니'。

제 9 과

경치가 아름다워요

The scenery is beautiful

景色が美しいです

风景很美丽

- **Objectives** to be able to introduce your hometown
- **Vocabulary** hometown, Jeju Island, to be how (How is it), scenery, to be beautiful, to be cold
  Descriptive verbs
- **Grammar** -지 않다, ㅂ동사
- **Task** Talk about hometowns with a friend and introduce the hometown of your friend
  Listen to an introduction to a hometown and talk about it
  Read an introduction to hometowns in a guidebook and write an introduction about your hometown

- **学習目標** 故郷を紹介できる
- **語彙** 故郷、済州島、どうである(どうですか)、景色、美しい、寒い
  形容詞
- **文法** -지 않다, ㅂ동사
- **課題** 友達と故郷の話をして友達の故郷を紹介する
  故郷の紹介を聞いて故郷について話す
  故郷の紹介案内書を読んで故郷を紹介する文を書く

- 学习目标 能够介绍自己的故乡
- 词汇 故乡，济州岛，怎么样，风景，美丽，冷
  形容词
- 语法 -지 않다, ㅂ동사
- 课堂练习 跟朋友谈谈故乡并介绍朋友的故乡
  听故乡的介绍并谈谈故乡
  阅读介绍故乡的指南书并写作介绍故乡的文章

EN

Shaoming	Youngju, where is your hometown?
Youngju	It's in Jeju Island.
Shaoming	How is Jeju Island?
Youngju	The scenery is beautiful. And it's not cold.

JP

シャオミン	ヨンジュさん、故郷がどこですか。
ヨンジュ	済州島です。
シャオミン	済州島はどうですか。
ヨンジュ	景色が美しいです。そして寒くないです。

CH

小　明	英珠，你的故乡在哪里？
英　珠	在济州岛。
小　明	济州岛怎么样？
英　珠	风景很美丽。而且不冷。

문법

1 -지 않다

- This is placed after an action or descriptive verb stem and is used to express negation of the subject's action or state. This is not used in the imperative or suggestive forms.

  - I do not eat kimchi.
  - That person does not like the exercise.
  - There aren't many people at the park.
  - Stefan is not busy.

- '-지 않다'は動詞や形容詞の語幹の後に付き主語の行為や状態を否定するときに使う。命令形や勧誘形には使わない。

  - 私はキムチを食べません。
  - その人は運動が好きではありません。
  - 公園に人が多くありません。
  - シュテファンさんは忙しくありません。

- '-지 않다'用在动词或形容词词干后，表示对主语的行为或状态的否定。不能用于命令式或共动式。

  - 我不吃泡菜。
  - 那个人不喜欢运动。
  - 公园里人不多。
  - 史蒂芬不忙。

문법

2 ㅂ동사

- Some action verbs or descriptive verbs that end with 'ㅂ' are irregularly conjugated. For action or descriptive verbs such as '덥다' or '춥다', the 'ㅂ' is changed to '우' when it meets an ending that starts a vowel. But in the case of '돕다' and '곱다', the 'ㅂ' is changed to '우' when it is followed by the vowel '-으'. And when the following vowel is '-아', the 'ㅂ' is changed to '오'. On the other hand, action verbs such as '입다, 잡다, and 씹다', or descriptive verbs such as '좁다, 넓다' follow the regular conjugation rule.

- The weather is cold.
- Our hometown is beautiful.
- Korean food is spicy.
- I help my friend.

- 語幹が'ㅂ'で終わる動詞や形容詞の中には規則どおり活用しないものがある。'덥다, 춥다'のような動詞や形容詞は母音で始まる語尾に会うと'ㅂ'が'우'に変わる。但し、'돕다'や'곱다'は母音'-으'に会うと'우'に変わるが、'-아'に会うと'오'に変わる。しかし'입다, 잡다, 씹다'のような動詞や'좁다, 넓다'のような形容詞は規則どおり活用する。

- 天気が寒いです。
- 私の故郷が美しいです。
- 韓国の食べ物が辛いです。
- 友達を助けます。

- 词干以'ㅂ'结尾的动词或形容词中存在一些变化不规则的词语。类似'덥다、춥다'的动词或形容词如果遇到以元音开头的词尾，'ㅂ'要变成'우'。然而，'돕다'和'곱다'如果遇到元音'-으'则变为'우'，遇到'-아'时变为'오'。除此以外，像'입다、잡다、씹다'这样的动词和像'좁다、넓다'这样的形容词则是规则变化。

- 天气很冷。
- 我的故乡很美丽。
- 韩国菜很辣。
- 帮助朋友。

제 10 과

불고기를 먹을까요?

Shall we eat bulgogi?

プルコギを食べましょうか

我们吃烤肉怎么样?

- **Objectives** to be able to read a menu and say the food items
- **Vocabulary** what, food, to taste good, bulgogi, then
  Vocabulary related to Korean food
- **Grammar** -을까요?, -어요[2]
- **Task** Look at a menu and talk about the food
  Listen to an introduction to a restaurant and write about a restaurant you like
  Read about a variety of restaurant introductions and decide on what food to eat

- **学習目標** メニューを見て食べ物の名前を話すことができる
- **語彙** 何の、食べ物、おいしい、プルコギ、では
  韓国の食べ物に関連する語彙
- **文法** -을까요?, -어요[2]
- **課題** メニューを見て食べ物を話す
  食堂の紹介を聞いて好きな食堂について書く
  いろいろな食堂の紹介を読んで食堂と食べ物を決定する

- **学习目标** 能够看菜单并说出菜名
- **词汇** 什么(+名词)，菜，好吃，烤肉，那么
  有关韩国菜的词汇
- **语法** -을까요?, -어요[2]
- **课堂练习** 看菜单并说一下菜
  听听餐厅介绍并写下自己喜欢的餐厅
  阅读各种餐厅的介绍并决定餐厅和菜式

EN

Shaoming	What tastes good in this restaurant?
Youngju	Bulgogi tastes good.
Shaoming	Then shall we eat bulgogi?
Youngju	That sounds good.

JP

シャオミン	この食堂は何の食べ物が美味しいですか。
ヨンジュ	プルコギが美味しいです。
シャオミン	ではプルコギを食べましょうか。
ヨンジュ	いいですね。プルコギを食べましょう。

CH

小　明	这家餐厅的什么菜好吃？
英　珠	烤肉好吃。
小　明	那么我们吃烤肉怎么样？
英　珠	好啊。吃烤肉吧。

문법

1 -을까요/ㄹ까요?

- This final ending is placed after an action verb and is used when offering a suggestion or asking an opinion for what to do together with the listener.
- When the action verb stem ends with a consonant, use '-을까요?'. When the verb stem ends with a vowel, use '-ㄹ까요?'.

- Shall we read a book?
- Shall we eat lunch together?
- Shall we meet tomorrow?
- What movie shall we watch?

- 動詞の語幹の後に付く終結語尾である。相手にあることを一緒にすることを提案したり意見を聞くときに使う。
- 動詞の語幹が子音で終わるときは'-을까요?'を使い、動詞の語幹が母音で終わるときは'-ㄹ까요?'を使う。

- 本を読みましょうか。
- お昼を一緒に食べましょうか。
- 明日会いましょうか。
- 何の映画を見ましょうか。

- 用于动词词干后的句尾。表示向对方提出共同做某事的建议以及向对方询问意见。
- 动词词干以辅音结尾时加'-을까요?'，动词词干以元音结尾时加'-ㄹ까요?'。

- 我们读书怎么样？
- 一起吃午饭好吗？
- 明天见面怎么样？
- 我们看什么电影好呢？

2 -어요/아요/여요[2]

- This final ending is placed after an action verb stem and is used to suggest a certain action to the listener.
- When the action or descriptive verb stem ends with 'ㅏ or ㅗ', use '-아요'. When the stem ends with other vowels, use '-어요'. When the stem ends with '하다', use '-여요', which is then contracted to '해요'.

- Let's all meet together.
- Let's watch a Korean movie.
- Let's eat lunch together.
- Let's study Korean together.

- 動詞の語幹の後に付く終結語尾だ。相手にある行為を一緒にすることを提案することを表す。
- 動詞や形容詞の語幹が'ㅏ, ㅗ'で終わるとき'-아요'を使い、そのほかの母音で終わるときは'-어요'を使う。'하다'には'-여요'を使うが主に縮めて'해요'を使う。

- 私たちみんな一緒に会いましょう。
- 私たち韓国映画を見ましょう。
- お昼を一緒に食べましょう。
- 一緒に韓国語を勉強しましょう。

- 用在动词词干后的句尾。表示向对方提出共同做某事的建议。
- 动词或形容词的词干以'ㅏ、ㅗ'结尾时加'-아요'。除此以外，以元音结尾时加'-어요'。'하다'后加'-여요'，一般缩写成'해요'。

- 我们一起见面吧。
- 我们看韩国电影吧。
- 一起吃午饭吧。
- 一起学习韩语吧。

제 11 과

불고기 이 인분하고 냉면 주세요

Please give us 2 orders of bulgogi and 1 naengmyeon

プルコギ2人前と冷麵ください

请给我两份烤肉和一份冷面

- **Objectives** to be able to order food
- **Vocabulary** excuse me, two, portion of food, I understand, water, a short while
  Vocabulary related to numbers 2
- **Grammar** 하고, -으세요
- **Task** Order food at restaurant
  Llisten to a dialogue between a waiter and customer in a restaurant and speak in a dialogue about ordering food
  Read an introduction to a restaurant and introduce a restaurant you like

- **学習目標** 食べ物を注文できる
- **語彙** すみません、二、人前、わかりました、水、少々
  数に関連する語彙2
- **文法** 하고, -으세요
- **課題** 食堂で食べ物を注文する
  食堂で従業員と客の会話を聞いて食べ物を注文する会話を作る
  食堂を紹介する文を読んで好きな食堂を紹介する

- **学习目标** 能够点菜
- **词汇** 这里，两，份，知道了，水，一会儿
  有关数量的词汇2
- **语法** 하고, -으세요
- **课堂练习** 在餐厅点菜
  听餐厅里服务员和客人的对话并编一段点菜的对话
  阅读介绍餐厅的文章并介绍喜欢的餐厅

EN

Shaoming	Excuse me, please give us 2 portions of bulgogi and 1 naengmyeon.
Waiter	Alright.
Shaoming	And please give us some water.
Waiter	Okay, please wait a little.

JP

シャオミン	すみません。 プルコギ2人前と冷麺ください。
従業員	はい、わかりました。
シャオミン	それから水もください。
従業員	はい、少々お待ちください。

CH

小　明	这里。请给我两份烤肉和一份冷面。
服务员	好的，知道了。
小　明	请再给我点儿水。
服务员	好的，请稍等一会儿。

문법

1 하고

- This is a particle that is placed after a noun when two or more nouns are cited one after another. It has the meaning of 'and'.

  - I have a book and notebook in my bag.
  - I eat Korean-style bacon and bean-paste potstew.
  - Yuri and Michael are students.
  - Excuse me, please give us coffee and water.

- 名詞の後に付き二つ以上の名詞を羅列するときに使う助詞である。'そして' の意味を持つ。

  - カバンに本とノートがあります。
  - サムギョプサルとテンジャンチゲを食べます。
  - ユリとマイケルは学生です。
  - あの、コーヒーと水ください。

- 用在名词后，是连接两个以上名词的助词。具有'그리고(还有)'的含义。

  - 书包里有书和笔记本。
  - 我吃五花肉和大酱汤。
  - 有莉和麦克是学生。
  - 这里，请给我咖啡和水。

2 -으세요/세요

- This honorific informal final ending is placed after an action verb stem and is used when you are giving direction to the listener in a respectful manner.
- When the action verb stem ends with a consonant, use '-으세요'. When the action verb stem ends with a vowel, use '-세요'.

- Please wait.
- Please arrive early.
- Please sit here.
- Please read the textbook.

- 動詞の語幹の後に付く非形式体終結語尾である。聞き手を尊重する態度であることを指示する場合に使われる。
- 動詞の語幹が子音で終わるときは'-으세요'を使い、母音で終わるときは'-세요'を使う。

- 待ってください。
- 早く来てください。
- ここに座ってください。
- 教科書を読んでください。

- 用在动词词干后的非格式体句尾。表示以对听话人尊重的态度来指示某件事情。
- 动词词干后以辅音结尾的用'-으세요'，以元音结尾的用'-세요'。

- 请等一下。
- 请早点儿来。
- 请坐这儿。
- 请读教科书。

문화

EN

When ordering food

In Korea, you usually do not order side dishes separately because they come with the main dish. Usually water is provided for free as well.

JP

食べ物を注文するとき

韓国では一般的におかずはメイン料理について出てくるので注文しなくても良い。普通水も無料で提供される。

CH

点菜时

在韩国，一般配菜是与主菜一起的，不需要单点，水通常也是免费提供的。

제12과

세 시부터 다섯 시까지 운동을 해요

I exercise from 3 to 5

3時から5時まで運動をします

从三点到五点做运动

- **Objectives** to be able to talk about your daily schedule using time
- **Vocabulary** afternoon, what, o'clock, exercise, to sleep, usually
  Vocabulary related to time
  Vocabulary related to work
- **Grammar** 에[1], 부터 까지
- **Task** Ask about someone's daily schedule and give an answer
  Listen to and write about a daily schedule
  Read about someone's every day life and talk about a day in your life

- **学習目標** 時間を使って一日の生活の話ができる
- **語彙** 午後、何を、時、運動、寝る、普通
  時間に関連する語彙
  日課に関連する語彙
- **文法** 에[1], 부터 까지
- **課題** 一日の生活について質問して答える
  一日の日課に関する話を聞いて書く
  日常生活の話を読んで自身の一日の生活を話す

- **学习目标** 能够使用时间词语来谈谈一天的生活
- **词汇** 下午，什么，点(时刻)，运动，睡觉，一般
  有关时间的词汇
  有关日程的词汇
- **语法** 에[1], 부터 까지
- **课堂练习** 对一天的生活进行提问并回答
  听关于一天日程的内容并写作
  阅读关于日常生活的文章并说说自己一天的生活

EN

Yuri	what do you do in the afternoons?
Stefan	I exercise from 3 - 5 o'clock.
Yuri	What time do you sleep?
Stefan	I usually sleep at 10.

JP

ユリ	シュテファンさん、午後に何をしますか。
シュテファン	3時から5時まで運動をします。
ユリ	何時に寝ますか。
シュテファン	普通11時に寝ます。

CH

有　莉	史蒂芬，你下午做什么呢？
史蒂芬	从3点到5点做运动。
有　莉	那你几点睡觉呢？
史蒂芬	一般11点睡觉。

문법

1 에[1]

- This particle is used with a time noun to indicate the time when the action or situation takes place. However, it is not used with nouns like '어제, 오늘, 내일, 모레, or 그저께'.

  - I wake up at 7:30 in the morning.
  - I study Korean in the morning.
  - I meet my friend at 2 o'clock.
  - I do my homework in the evening.

- 時間を表す名詞に付き、動作や状況が起こるときを表す助詞である。しかし'어제(昨日)、오늘(今日)、내일(明日)、모레(あさって)、그저께(おととい)'のような名詞とは一緒に使わない。

  - 朝7時半に起きます。
  - 午前に韓国語を勉強します。
  - 2時に友達に会います。
  - 夕方に宿題をします。

- 用于时间名词后的助词，表示动作或情况发生的时间。但是不能与'어제(昨天)、오늘(今天)、내일(明天)、모레(后天)、그저께(前天)'等名词一起使用。

  - 早上7点半起床。
  - 上午学习韩语。
  - 2点跟朋友见面。
  - 晚上做作业。

2 부터 까지

- This is placed after a time or place noun and is used to express the start and end of a time or location.

  - I study Korean from 9 to 1 o'clock.
  - I do my homework from 2 to 4 in the afternoon.
  - I eat dinner from 6 to 7 in the evening.
  - Classrooms are on the 1st to 5th floors.

- 時間の名詞や場所の名詞に付いて、時間や場所の始まりと終わりを示す表現だ。

  - 9時から1時まで韓国語を勉強します。
  - 午後2時から4時まで宿題をします。
  - 午後6時から7時まで晩ごはんを食べます。
  - 1階から5階まで教室があります。

- 用在时间名词或处所名词后，表示时间或处所的开始和结束。

  - 从9点到1点学习韩语。
  - 下午从2点到4点做作业。
  - 晚上从6点到7点吃晚饭。
  - 从1层到5层是教室。

문화

EN

When talking about time

When talking about time in Korea, we use the term 'morning' (am) for the hours before 12 noon, and the term 'afternoon' (pm) for the hours after 12 noon, but we usually use the terms 아침 (early morning), 오전 (mid-morning), 오후 (afternoon), 저녁 (evening), and 밤 (night) when talking about time. For example, 7 o'clock in the morning, ten o'clock in the morning, 2 o'clock in the afternoon, 8 o'clock in the evening, and 10 o'clock at night.

JP

時間を言うとき

韓国で時間を言うとき12時を基準に午前(am)と午後(pm)を分けて話すが、普通아침(朝)、오전(午前)、오후(午後)、저녁(夕方)、밤(夜)のような単語を使用し時間を話すこともある。例)朝7時、午前10時、午後2時、夕方8時、夜11時

CH

表述时间时

在韩国，表述时间时虽然以12点为基准来分开上午和下午，但一般情况下还是使用早上、上午、下午、晚上、夜晚等词语。例如：早上7点，上午10点，下午2点，晚上8点，半夜11点。

제 13 과

토요일에 무엇을 하고 싶어요?

What do you want to do on Saturday?

土曜日に何をしたいですか

星期六想做什么?

- Objectives　to be able to speak about the date and days
- Vocabulary　this, Saturday, month, what date, day, to take a walk
  Vocabulary related to the date and days
- Grammar　-고 싶다, 에서
- Task　Ask about the date and talk about what you want to do on that day
  Listen to the dialogue and talk about what you want to do
  Read the dialogue and write about what you want to do

- 学習目標　日付と曜日を話すことができる
- 語彙　今度、土曜日、月、何日、日、散歩する
  日付と曜日に関連する語彙
- 文法　-고 싶다, 에서
- 課題　日付を聞いてその日したいことを話す
  したい事について話を聞いて話す
  週末の話を読んでしたいことについて書く

- 学习目标　能够表述日期和星期
- 词汇　这次，星期六，月，几号，日，散步
  有关日期和星期的词汇
- 语法　-고 싶다, 에서
- 课堂练习　询问日期并说说那天想做的事情
  听关于想做事情的对话并谈一谈
  阅读周末的故事并写一写想做的事情

EN

Stefan	What is the date (month and day) for this Saturday?
Yuri	It's June 17.
Stefan	What do you want to do on Saturday?
Yuri	I want to take a walk in the park.

JP

シュテファン	今度の土曜日が何月何日ですか。
ユリ	6月17日です。
シュテファン	土曜日に何をしたいですか。
ユリ	公園で散歩したいです。

CH

史蒂芬	这个星期六是几月几号?
有　莉	是6月17日。
史蒂芬	星期六想做什么?
有　莉	我想在公园散步。

1 -고 싶다

- This is placed after an action verb stem and is used to express a certain action that you desire or wish for. In the case where the subject is in the third person, use '-고 싶어하다'.

  - I want to eat bulgogi.
  - I want to meet my friends.
  - Youngju, what tea would you like to drink?
  - Yuri wants to rest.

- 動詞の語幹の後に付く表現である。ある動作をすることを望んだり希望するときに使う。主語が三人称のときは'-고 싶어하다'を使う。

  - 私はプルコギを食べたいです。
  - 友達と会いたいです。
  - ヨンジュさん、何の茶を飲みたいですか。
  - ユリさんは休みたがっています。

- 用在动词词干后，表示希望做什么动作。主语是第三人称时，用'-고 싶어하다'。

  - 我想吃烤肉。
  - 我想见朋友们。
  - 英珠，你想喝什么茶？
  - 有莉想休息。

문법

2 에서

- This is a particle that is placed after a place noun to show the location of where an action takes place.

  - I study in the library.
  - I work in a bank.
  - Where will you meet your friend?
  - Let's eat lunch at the restaurant near the company.

- 場所を表す名詞の後に付き動作が起こった場所を表す助詞である。

  - 図書館で勉強します。
  - 私は銀行で働きます。
  - どこで友達に会いますか。
  - 会社の近くの食堂で昼ごはんを食べます。

- 用于处所名词后的助词，表示动作发生的处所。

  - 在图书馆学习。
  - 我在银行工作。
  - 在哪儿跟朋友见面?
  - 在公司附近的餐厅吃午饭。

문화

EN

The date and day of the week

When you talk about the date and day of the week in Korea, you say it in the order of the year, month, day, and day of the week. For example, the year 2015, May 26, Wednesday.

JP

日付と曜日

韓国では日付と曜日を話すとき、年、月、日、曜日の順序で話す。例）2015年5月26日水曜日

CH

日期和星期

在韩国，表述日期和星期时，顺序是：年、月、日、星期。例如：2015年5月26日，星期三

제 14 과

동대문시장에 가요

I'm going to the Dongdaemun Marketplac

東大門市場に行きます

我去东大门市场

- **Objectives** to be able to say the names of different stores
- **Vocabulary** Dongdaemun Marketplace, store, clothes, shoes, to be so (really?)
  Vocabulary related to stores
- **Grammar** 에 가다, 과
- **Task** Make plans for shopping with someone
  Listen to a dialogue about a popular place for shopping and speak
  Read and write an introduction to a store visited often

- **学習目標** 様々な店の名前を言うことができる
- **語彙** 東大門市場、店、服、靴、そうだ(そうですか)
  店に関連する語彙
- **文法** 에 가다, 과
- **課題** ショッピングの約束を決める
  よく行くショッピングスポットについての会話を聞いて話す
  よく行く店を紹介する文を読んで書く

- **学习目标** 能够说出多种商店的名称
- **词汇** 东大门市场，商店，衣服，鞋子，那样的(是吗?)
  有关商店的词汇
- **语法** 에 가다, 과
- **课堂练习** 相约去购物
  听听关于常去购物场所的对话并进行口语练习
  阅读并写作介绍常去的商店的文章

EN

Michael	Youngju, where are you going now?
Youngju	I'm going to the Dongdaemun Marketplace.
Michael	What is over there?
Youngju	There are many clothes and shoe stores.
Michael	Really? I'll go with you.

JP

マイケル	ヨンジュさん、今どこへ行きますか。
ヨンジュ	東大門市場に行きます。
マイケル	そこに何の店が多いですか。
ヨンジュ	服の店や靴の店が多いです。
マイケル	そうですか。私も一緒に行きましょう。

CH

麦克	英珠，现在去哪儿呢？
英珠	我去东大门市场。
麦克	那里什么商店最多啊？
英珠	衣服店和鞋店很多。
麦克	是吗？我也一起去吧。

문법

1 에 가다

- When the particle '에' follows a place noun and is used with the verbs '가다' or '오다', it shows that the place noun is the destination.

  - Where are you going?
  - I go to school every day.
  - I am going to the market right now.
  - My friend is coming to my house.

- 場所を表す名詞に助詞'에'が'가다'や'오다'と一緒に使われると'에'の前に来る目標の場所に移動することを表す。

  - どこに行きますか。
  - 毎日学校に行きます。
  - 私は今市場に行きます。
  - 友達が私の家に来ます。

- 表场所的名词后加助词'에'和'가다'或'오다'，表示向'에'前面的目标场所移动。

  - 去哪儿啊?
  - 每天都去学校。
  - 我现在去市场。
  - 朋友来我家。

2 과/와

- This is a particle that is placed after a noun when two or more nouns are mentioned one after another in a series. It can be used interchangeably with '하고'.
- If the noun ends with a consonant, use '과', and if it ends with a vowel, use '와'.

- I like spring and fall.
- My younger brother and older sister are at home.
- There is a clock and desk in my room.
- I buy an eraser and pencil at the stationary store.

- 名詞の後に付き二つ以上の名詞を同等に羅列するとき使う助詞である。'하고'と置き換えて使うことができる。
- 名詞が子音で終わるときは '과'を使い名詞が母音で終わるときは '와'を使う。

- 私は春と秋が好きです。
- 弟と姉さんが家にいます。
- 私の部屋の時計と机があります。
- 文具店で消しゴムと鉛筆を買います。

- 用在名词后面表示两个以上的名词同等排列时使用的助词。可以与'하고'互换使用。
- 名词以辅音结尾的用'과'，以元音结尾的用'와'。

- 我喜欢春天和秋天。
- 弟弟和姐姐都在家。
- 我的房间里有钟和书桌。
- 在文具店里买橡皮和铅笔。

문화

EN

Popular places to shop

Myungdong, Namdaenum Marketplace, Dongdaemun Marketplace, Insadong, and Itaewon are famous places for shopping in Seoul. Among these, Myoungdong and the Dongdaemun Marketplace are known for clothing and fashion items while Insadong is famous for the Korean traditional products.

JP

ショッピングスポット

ソウルの有名なショッピングスポットとしては明洞、南大門市場、東大門市場、仁寺洞、梨泰院などがある。その中明洞、東大門市場は衣類、ファッション用品で有名で、仁寺洞は韓国の伝統品で有名だ。

CH

购物景点

首尔市有名的购物场所有明洞、南大门市场、东大门市场、仁寺洞、梨泰院等。其中明洞和东大门市场以衣服类、时尚用品最为有名，仁寺洞则以韩国传统物品而闻名。

제 15 과

한 개에 만 원이에요
One is 10,000 won
ひとつで一万ウォンです
一个一万元

- **Objectives** to be able to buy items at a store
- **Vocabulary** doll, to see / to sightsee, this (thing), how much, to give a gift
  Vocabulary related to gifts
- **Grammar** 에^{2}, 에게
- **Task** Buy an item at a store
  Listen to a dialogue about a desired item for shopping and speak
  Read a story about gifts and write about a gift you want to give

- **学習目標** 店で物を買うことができる
- **語彙** 人形、見物する、これ、いくら、プレゼントする
  プレゼントに関連する語彙
- **文法** 에^{2}, 에게
- **課題** 店で物を買う
  ショッピングしたい物について会話を聞いて話す
  プレゼントの話を読んで、あげたいプレゼントについて書く

- 学习目标 能够在商店里买东西
- 词汇 娃娃，观赏，这个，多少，送礼物
  有关礼物的词汇
- 语法 에^{2}, 에게
- 课堂练习 在商店买东西
  听听关于购物及想买东西的对话并进行口语练习
  阅读有关礼物的故事并写作关于送礼物的文章

EN

Youngju	Do you have dolls?
Owner	Yes, we do. Take a look.
Youngju	How much is this?
Owner	One is 10,000 won.
Youngju	Give me 2, please. I want to give them as gifts to my friends.

JP

ヨンジュ	人形ありますか。
主　人	はい、あります。見てください。
ヨンジュ	これいくらですか。
主　人	ひとつで一万ウォンです。
ヨンジュ	二つください。友達にプレゼントしたいです。

CH

英　珠	有娃娃吗？
店　主	有。请随便看看吧。
英　珠	这个多少钱？
店　主	一个一万元。
英　珠	请给我两个吧。我想送给朋友做礼物。

문법

1 에[2]

- This is used to show the standard of unit or calculation when a number unit used to count things is combined with a countable noun.

  - How much is one?
  - It's three for 5,000 won.
  - One book is 20,000 won.
  - One fish is 7,000 won.

- 物を数える単位の名詞や計算が可能な名詞と結合して単位や計算の基準を表す。

  - ひとつでいくらですか。
  - 三つで5千ウォンです。
  - 本一冊で2万ウォンです
  - 魚一匹で7000ウォンです。

- 与计算事物的单位名词，或可能用来表示计量的名词结合使用，表示计算的基准。

  - 一个多少钱啊？
  - 三个五千元。
  - 一本书两万块。
  - 一条鱼7千块。

2 에게

- This particle is placed after a noun for people or animals and is used to show that the noun preceding the noun is the object of the action. It is usually used with action verbs such as '주다, 보내다, 가르치다, or 빌려주다'. In the spoken language, you can use '한테' instead, and when the object of an action requires the honorific form, use '께'.

  - I am sending a letter to my younger sister.
  - Please give me that bag.
  - Please lend Misun the dictionary.
  - I call my parents.

- 人や動物を表す名詞の後に付き前にある名詞や動作の対象であることを表す助詞である。主に'주다(あげる/もらう)、보내다(送る)、가르치다(教える)、빌려주다(貸してあげる/貸してもらう)'のような動詞と一緒に使う。話すときは'한테'と置き換えて使うことができ、目上の人が動作の対象であるときは'께'を使う。

  - 弟に手紙を送ります。
  - 私にそのカバンをください。
  - ミソンさんに辞書を貸してあげなさい。
  - 両親に電話をします。

- 与表人或动物的名词连用的助词，表示前面的名词是动作的对象。主要与'주다(给)、보내다(送)、가르치다(教)、빌려주다(借给)'等类似的动词连用。口语中可与'한테'互换使用，当动作对象是地位较高的人时使用敬语'께'。

  - 我给弟弟寄了一封信。
  - 请给我那个包。
  - 请把词典借给美善。
  - 我给父母打电话。

부록

2. 문법 활용연습

제1과 한글 (1)

1. 모음 1

1) 쓰세요.

아	어	오	우	으	이	애	에	외	위

2) 단어를 읽고 쓰세요.

이	오	위	아	이	오	이	에	이

2. 자음 1

1) 쓰세요.

	ㅏ	ㅓ	ㅗ	ㅜ	ㅡ	ㅣ	ㅐ	ㅔ	ㅚ	ㅟ
ㄱ	가	거	고	구	그	기	개	게	괴	귀
ㄴ	나	너	노	누	느	니	내	네	뇌	뉘
ㄷ	다	더	도	두	드	디	대	데	되	뒤
ㄹ	라	러	로	루	르	리	래	레	뢰	뤼

2) 단어를 읽고 쓰세요.

가	게	구	두	노	래	다	리	라	디	오	개	나	리

3. 자음 2

1) 쓰세요.

	ㅏ	ㅓ	ㅗ	ㅜ	ㅡ	ㅣ	ㅐ	ㅔ	ㅚ	ㅟ
ㅁ	마	머	모	무	므	미	매	메	뫼	뮈
ㅂ	바	버	보	부	브	비	배	베	뵈	뷔
ㅅ	사	서	소	수	스	시	새	세	쇠	쉬
ㅇ	아	어	오	우	으	이	애	에	외	위
ㅈ	자	저	조	주	즈	지	재	제	죄	쥐

2) 단어를 읽고 쓰세요.

모	자	바	지	새	우	지	도	어	머	니	쇠	고	기

제2과 한글 (2)

1. 자음 3

1) 쓰세요.

	ㅏ	ㅓ	ㅗ	ㅜ	ㅡ	ㅣ	ㅐ	ㅔ	ㅚ	ㅟ
ㅊ	차	처	초	추	츠	치	채	체	최	취
ㅋ	카	커	코	쿠	크	키	캐	케	쾨	퀴
ㅌ	타	터	토	투	트	티	태	테	퇴	튀
ㅍ	파	퍼	포	푸	프	피	패	페	푀	퓌
ㅎ	하	허	호	후	흐	히	해	헤	회	휘

2) 단어를 읽고 쓰세요.

치	마	커	피	케	이	크	투	수	포	도	회	사

2. 자음 4

1) 쓰세요.

	ㅏ	ㅓ	ㅗ	ㅜ	ㅡ	ㅣ	ㅐ	ㅔ	ㅚ	ㅟ
ㄲ	까	꺼	꼬	꾸	끄	끼	깨	께	꾀	뀌
ㄸ	따	떠	또	뚜	뜨	띠	때	떼	뙤	뛰
ㅃ	빠	뻐	뽀	뿌	쁘	삐	빼	뻬	뾔	쀠
ㅆ	싸	써	쏘	쑤	쓰	씨	쌔	쎄	쐬	쒸
ㅉ	짜	쩌	쪼	쭈	쯔	찌	째	쩨	쬐	쮜

2) 단어를 읽고 쓰세요.

꼬리	토끼	따르다	아빠	쓰다	짜다

3. 모음 2

1) 쓰세요.

야	여	요	유	얘	예	와	왜	워	웨	의

2) 단어를 읽고 쓰세요.

야	구	티	셔	츠	우	유	시	계	과	자	의	사

제3과 한글 (3)

1. 받침

1) 쓰세요.

악	안	앋	알	암	압	앗

앙	앚	앛	앜	앝	앞	앟

2) 단어를 읽고 쓰세요.

국	부	엌	돈	옷	별	김	치	집	공

3) 문장을 읽고 쓰세요.

아이하고 아빠가 이
야기를 해요.
아빠는 의사예요.
아이는 학생이에요.

옷 가게에 가요.
바지가 있어요.
치마도 있어요.

영주 씨 집이에요.
영주 씨가 밥을 먹
어요.

국이 맛있어요.

찌개는 짜요.

김치는 매워요.

감사합니다.

죄송합니다.

처음 뵙겠습니다.

안녕히 가세요.

안녕히 계세요.

안녕히 주무세요.

제4과 제 이름은 유리예요

1. 이에요/예요

1) **보기** 와 같이 쓰세요.

보기 ➡ 마이클이에요.

❶ 영주 ➡ ________________.

❷ 학생 ➡ ________________.

❸ 친구 ➡ ________________.

❹ 선생님 ➡ ________________.

❺ 회사원 ➡ ________________.

2) 그림을 보고 문장을 만드세요.

보기 

김영주예요.

❶ 

샤오밍________________________________.

❷ 

유리________________________________.

❸ 

박유진________________________________.

❹ 

________________________________.

❺ 

________________________________.

2. 은/는

1) 보기 와 같이 고르세요.

보기 제 이름(㊀은, 는) 슈테판이에요.

❶ 저(은, 는) 회사원이에요.

❷ 슈테판 씨(은, 는) 대학교 친구예요.

❸ 제 친구 이름(은, 는) 유리예요.

❹ 마이클(은, 는) 학생이에요.

❺ 유리(은, 는) 제 친구예요.

2) 그림을 보고 문장을 만드세요.

보기 
마이클___은___ 학생이에요.

❶ 

제 이름______ 박유진이에요.

❷ 
저______ 유리예요.

❸ 
샤오밍______ ______________________________.

❹ 
영주______ ______________________________.

❺ 
______________________________________.

제5과 어느 나라 사람이에요?

1. 이에요/예요?

1) 보기 와 같이 쓰세요.

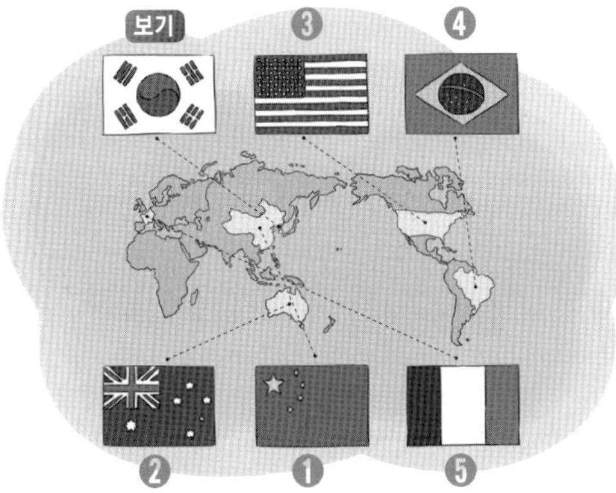

보기 ➡ 한국이에요?

❶ 중국 ______________________________?

❷ 호주 ______________________________?

❸ ______________________________?

❹ ______________________________?

❺ ______________________________?

2) 보기 와 같이 질문을 만들고 연결하세요.

보기

한국 사람이에요? •　　　• 가) 네, 영국 사람이에요.

❶

호주 ______________? •　　　• 나) 중국이에요.

❷

어느 나라 사람 ______? •　　　• 다) 네, 한국 사람이에요.

❸

어느 나라 __________? •　　　• 라) 아니요, 일본이에요.

❹

한국 ______________? •　　　• 마) 프랑스 사람이에요.

❺

__________________? •　　　• 바) 네, 호주예요.

2. 이/가 아니에요

1) 보기 와 같이 쓰세요.

보기 제 이름 / 마이클 ➡ 제 이름은 마이클이 아니에요.

❶ 마이클 씨 / 영국 사람 ➡ 마이클 씨는 영국 사람 ____________________.

❷ 슈테판 / 대학교 친구 ➡ 슈테판은 ____________________.

❸ 영주 씨 / 중국 사람 ➡ 영주 씨는 ____________________.

❹ 제 친구 / 회사원 ➡ ____________________.

❺ 선생님 / 남자 ➡ ____________________.

2) 그림을 보고 대화를 만드세요.

보기

가: 일본 사람이에요?

나: 아니요, 일본 사람이 아니에요.

❶

가: 슈테판 씨예요?

나: 아니요, 슈테판 씨 ____________________.

❷

가: 브라질 사람이에요?

나: 아니요, ____________________.

❸

가: 여자예요?

나: ____________________.

❹

가: 학생이에요?

나: ____________________.

❺

가: 선생님이에요?

나: ____________________.

제6과 이것이 마이클 씨 책이에요?

1. 이/가

1) **보기** 와 같이 고르세요.

> **보기** 학생(◯이, 가) 있어요

❶ 샤오밍(이, 가) 중국 사람이에요.

❷ 유리(이, 가) 일본 사람이에요.

❸ 휴지(이, 가) 있어요.

❹ 가방(이, 가) 있어요.

❺ 지우개(이, 가) 없어요.

2) 그림을 보고 대화를 만드세요.

> **보기** 영주: 누가 독일 사람이에요?
> 유리: 슈테판이 독일 사람이에요.

❶ 영주: 누가 미국 사람이에요?

유리: ______________________________.

❷ 영주: 누가 중국 사람이에요?

유리: ______________________________.

❸ 슈테판: 사전이 있어요?

마이클: 네, ______________________________.

❹ 샤오밍: 휴지가 있어요?

슈테판: 아니요, ______________________________.

❺ __________: ______________________________?

__________: ______________________________.

2. 이/그/저

1) 보기 와 같이 쓰세요.

보기 교과서 ➡ 이것이 교과서예요.

❶ 가방 ➡ ______________________.

❷ 지갑 ➡ ______________________.

❸ 휴지 ➡ ______________________.

❹ 볼펜 ➡ ______________________.

❺ 공책 ➡ ______________________.

2) 그림을 보고 대화를 만드세요.

보기 

영　주: 이것이 마이클 씨 가방이에요?
마이클: 네, 그것이 제 가방이에요.

❶

영　주: 이것이 교과서예요?
마이클: 네, 그것이 ______________________.

❷

영　주: __________ 이 연필이에요?
마이클: 아니요, 그것이 볼펜이에요.

❸

영　주: __________이 마이클 씨 지갑이에요?
마이클: 네, 이것이 제 지갑이에요.

❹

영　주: ______________________?
마이클: 네, ______________________.

❺

영　주: 저 사람이 ______________________?
마이클: 아니요, ______________________.

1. 에 있다(에 있어요)

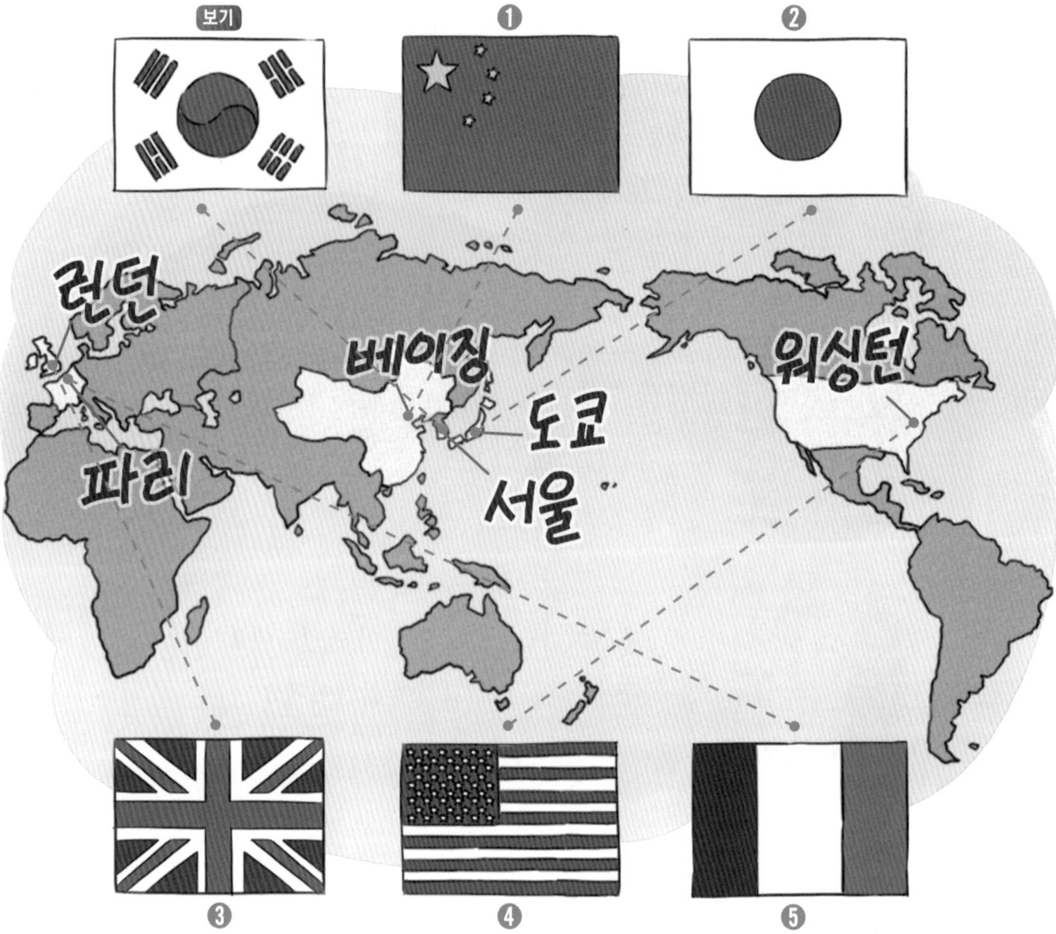

보기 서울이 한국에 있어요.

1) **보기** 와 같이 쓰세요.

❶ 베이징이 중국 ______________________.

❷ 도쿄가 일본 ______________________.

❸ 런던이 ______________________.

❹ 워싱턴이 ______________________.

❺ ______________________.

2) 그림을 보고 대화를 만드세요.

보기 

가: 연필이 어디에 있어요?

나: 필통에 있어요.

❶ 

가: 필통이 어디에 있어요?

나: 책상에 ______________________________.

❷ 

가: 휴대 전화가 어디에 있어요?

나: 가방 ______________________________.

❸ 

가: 사전이 교실에 있어요?

나: 아니요, ______________________________.

❹ 

가: 서점에 교과서가 있어요?

나: ______________________________.

❺ 

가: 지갑에 무엇이 있어요?

나: ______________________________.

2. 도

1) **보기** 와 같이 쓰세요.

보기 교실에 책상이 있어요. 의자도 있어요.

❶ 학교에 도서관이 있어요. 서점 ______________________________.

❷ 저는 학생이에요. 영주 씨 ______________________________.

❸ 집 근처에 영화관이 있어요. 공원 ______________________________.

❹ 연필이 없어요. 볼펜 ______________________________.

❺ 저는 독일 사람이에요. 슈테판 씨 ______________________________.

2) 그림을 보고 대화를 만드세요.

보기

가: 마이클 씨가 학생이에요?
나: 네, 학생이에요.
가: 영주 씨도 학생이에요?
나: 네, 영주 씨도 학생이에요.

❶

가: 이것이 교과서예요?
나: 네, 교과서예요.
가: 저것도 교과서예요?
나: 네, 저것______________________.

❷

가: 학교에 서점이 있어요?
나: 네, 있어요.
가: 은행______________________?
나: 네, 은행도 있어요.

❸

가: 교실에 중국 사람이 있어요?
나: 네, 두 명 있어요.
가: 독일 사람______________________?
나: 아니요, 없어요.

❹

가: 방에 유리가 있어요?
나: 네, 유리가 있어요.
가: 마이클______________________?
나: 네, ______________________.

❺

가: 가방에 ______________________?
나: 네, ______________________.
가: ______________________?
나: 네, ______________________.

제8과 동생은 무엇을 해요?

1. -어요/아요/여요[1]

1) 보기 와 같이 쓰세요.

동사	-어요/아요/여요	동사	-어요/아요/여요
사다	보기 사요	보다	
주다		마시다	
쓰다		읽다	
먹다		일하다	
공부하다			

2) 그림을 보고 대화를 만드세요.

보기 

가: 동생이 무엇을 해요?
나: 동생이 공부해요.

❶ 

가: 유리 씨가 무엇을 해요?
나: 유리 씨가 책을 ______________________.

❷ 

가: 동생이 무엇을 해요?
나: 볼펜을 ______________________.

❸ 

가: 친구가 무엇을 해요?
나: 영화를 ______________________.

❹ 

가: 형이 무엇을 해요?
나: ______________________.

❺ 

가: 마이클이 무엇을 해요?
나: ______________________.

2. 을/를

1) **보기** 와 같이 쓰세요.

보기 저는 커피(를) 마셔요.

❶ 마이클 씨는 한국어(   ) 공부해요.

❷ 슈테판 씨는 과자(   ) 먹어요.

❸ 유리 씨가 한국어 사전(   ) 사요.

❹ 누나가 영화(   ) 봐요.

❺ 샤오밍 씨는 한국어 책(   ) 읽어요.

2) 그림을 보고 대화를 만드세요.

보기

가: 무엇을 해요?
나: 저는 한국어를 공부해요.

❶

가: 무엇을 줘요?
나: 연필 ____________________.

❷

가: 스티브 씨가 무엇을 가르쳐요?
나: 스티브 씨가 ____________________.

❸

가: 샤오밍을 기다려요?
나: 아니요, ____________________.

❹

가: 무엇을 마셔요?
나: ____________________.

❺

가: 무엇을 좋아해요?
나: ____________________.

제9과 경치가 아름다워요

1. -지 않다

1) 보기 와 같이 쓰세요.

보기 학교 크다 ➡ 학교가 크지 않아요.

❶ 동생 바쁘다
➡ ____________________.

❷ 지갑 예쁘다
➡ ____________________.

❸ 친구 많다
➡ ____________________.

❹ 가방 사다
➡ ____________________.

❺ 책 읽다
➡ ____________________.

2) 그림을 보고 대화를 만드세요.

보기 
가: 영주 씨 가방이 커요?
나: 아니요, 크지 않아요.

❶ 
가: 슈테판 씨가 바빠요?
나: 아니요, ____________________지 않아요.

❷ 
가: 저 지갑이 예뻐요?
나: 아니요, ____________________.

❸ 
가: 사람이 ____________________?
나: 아니요, ____________________.

❹ 

가: 한국말을 ____________________?
나: 아니요, ____________________.

❺ 
가: 커피를 마셔요?
나: 아니요, ____________________.

2. ㅂ 동사

1) **보기** 와 같이 쓰세요.

		-어요/아요/여요	-지 않아요
보기	춥다	추워요	춥지 않아요
❶	덥다		
❷	아름답다		
❸	맵다		
❹	어렵다		
❺	가깝다		

2) 그림을 보고 대화를 만드세요.

보기  덥다

가: 날씨가 어때요?
나: 날씨가 더워요.

❶  춥다

가: 교실이 어때요?
나: 교실이 ________________________.

❷  아름답다

가: 제주도가 어때요?
나: 제주도가 ________________________.

❸  맵다

가: 김치가 ________________________?
나: 네, ________________________.

❹ 

가깝다

가: 백화점이 ________________________?
나: 아니요, ________________________.

❺  어렵다

가: ________________________?
나: ________________________.

제10과 불고기를 먹을까요?

1. -을까요/ㄹ까요?

1) 보기 와 같이 쓰세요.

보기 영화를 보다 ➡ 영화를 볼까요?

❶ 콜라를 마시다 ➡ 콜라를 ______________________?

❷ 그 책을 사다 ➡ 그 책을 ______________________?

❸ 피자를 먹다 ➡ ______________________?

❹ 일본어를 배우다 ➡ ______________________?

❺ 한국어 책을 읽다 ➡ ______________________?

2) 그림을 보고 대화를 만드세요.

보기 

가: 이 가방이 예뻐요.

나: 그럼 이 가방을 살까요?

❶ 

가: 이 식당은 스파게티가 맛있어요.

나: 그럼 스파게티를 ______________________?

❷ 

가: 여기는 맥주가 유명해요.

나: 그럼 ______________________?

❸ 

가: 이 책이 재미있어요.

나: ______________________?

❹ 

가: 식당에 사람이 많아요.

나: ______________________?

❺ 

가: 저는 영화를 좋아해요.

나: ______________________?

2. -어요/아요/여요[2]

1) 보기 와 같이 쓰세요.

보기 가: 우리 같이 일할까요? 나: 네, 좋아요. 같이 일해요.

❶ 가: 우리 독일어를 배울까요? 나: 네, 독일어를 ______________.
❷ 가: 우리 교과서를 읽을까요? 나: 네, 좋아요. ______________.
❸ 가: 우리 커피를 마실까요? 나: 좋아요. ______________.
❹ 가: 우리 같이 가족사진을 볼까요? 나: ______________.
❺ 가: 떡볶이를 먹을까요? 나: ______________.

2) 그림을 보고 대화를 만드세요.

보기

가: 무엇을 살까요?
나: 과자를 사요.

❶
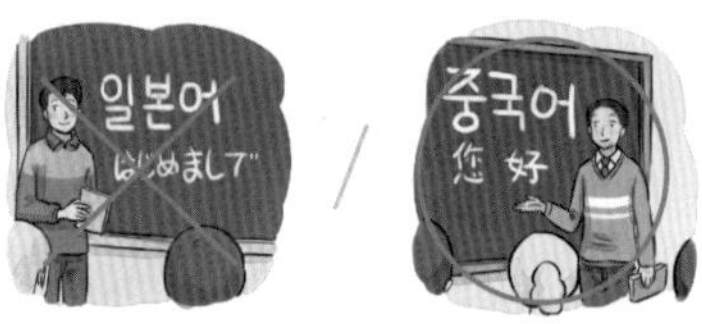

가: 무엇을 배울까요?
나: 중국어를 ______________.

❷

가: 무엇을 할까요?
나: ______________.

❸

가: 무슨 책을 ______________?
나: ______________.

❹

가: ______________?
나: ______________.

❺
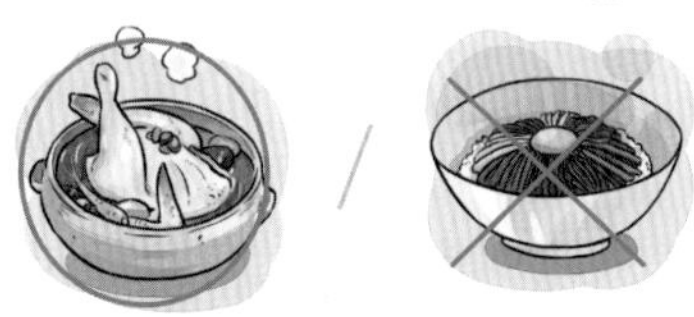

가: ______________?
나: ______________.

제11과 불고기 이 인분하고 냉면 주세요

1. 하고

1) 보기 와 같이 쓰세요.

보기 교실에 책상이 있어요. 의자도 있어요. ➡ 교실에 책상하고 의자가 있어요.

❶ 제주도는 산이 아름다워요. 바다도 아름다워요. ➡ ____________________.

❷ 김밥을 먹어요. 라면도 먹어요. ➡ ____________________.

❸ 집 근처에 식당이 있어요. 공원도 있어요. ➡ ____________________.

❹ 저는 스파게티를 좋아해요. 피자도 좋아해요. ➡ ____________________.

❺ 불고기를 주세요. 냉면도 주세요. ➡ ____________________.

2) 그림을 보고 대화를 만드세요.

보기 

가: 교실에 누가 있어요?

나: 선생님하고 학생이 있어요.

❶ 

가: 어느 나라가 커요?

나: 미국________ 중국이 커요.

❷ 

가: 이 식당은 무슨 음식이 맛있어요?

나: ______________ 하고 ____________________.

❸ 

가: 가방에 무엇이 있어요?

나: ____________________.

❹ 

가: 무슨 음식을 좋아해요?

나: ____________________.

❺ 

가: 동생이 있어요?

나: ____________________.

2. -으세요/세요

1) 보기 와 같이 쓰세요.

보기 한국어를 배우다 ➡ 한국어를 배우세요.

❶ 어서 오다 ➡ ______________________.

❷ 잠깐만 기다리다 ➡ ______________________.

❸ 여기 앉다 ➡ ______________________.

❹ 물 좀 주다 ➡ ______________________.

❺ 책을 읽다 ➡ ______________________.

2) 그림을 보고 보기 와 같이 쓰세요.

보기  이 책이 재미있어요. 이 책을 읽으세요.

❶  이 가방이 예뻐요. 이 가방을 ______________________.

❷ 

그 영화가 유명해요. ______________________.

❸ 

일본어가 재미있어요. 일본어를 ______________________.

❹  이 식당은 불고기가 맛있어요. 불고기 ______________________.

❺  이 커피가 ______________________. ______________________.

제12과 세 시부터 다섯 시까지 운동을 해요

1. 에[1]

1) 보기 와 같이 쓰세요.

보기  일어나다 ➡ 일곱 시에 일어나요.

❶  친구를 만나다 ➡ ______________________.

❷  커피를 마시다 ➡ ______________________.

❸  저녁을 먹다 ➡ ______________________.

❹  텔레비전을 보다 ➡ ______________________.

❺  한국어를 공부하다 ➡ ______________________.

2) 마이클의 하루 생활입니다. 보기 와 같이 쓰세요.

7 : 30

8 : 30

10 : 00

12 : 30

3 : 00

10 : 30

보기 마이클 씨는 아침 일곱 시 반에 일어나요.

❶ 마이클 씨는 아침 여덟 시 반에 ______________________.

❷ 마이클 씨는 오전 ______________________.

❸ ______________________.

❹ ______________________.

❺ ______________________.

2. 부터 까지

1) **보기** 와 같이 쓰세요.

보기 아침 6:00 → 7:00 (운동을 하다) ➡ <u>아침 여섯 시부터 일곱 시까지 운동을 해요.</u>

❶ 오전 9:00 → 오후 5:00 (일하다) ➡ ______________________.

❷ 오후 2:00 → 4:00 (친구를 만나다) ➡ ______________________.

❸ 오후 4:30 → 5:30 (숙제를 하다) ➡ ______________________.

❹ 저녁 6:30 → 7:30 (저녁을 먹다) ➡ ______________________.

❺ 저녁 8:00 → 10:00 (텔레비전을 보다) ➡ ______________________.

2) 메모를 보고 **보기** 와 같이 쓰세요.

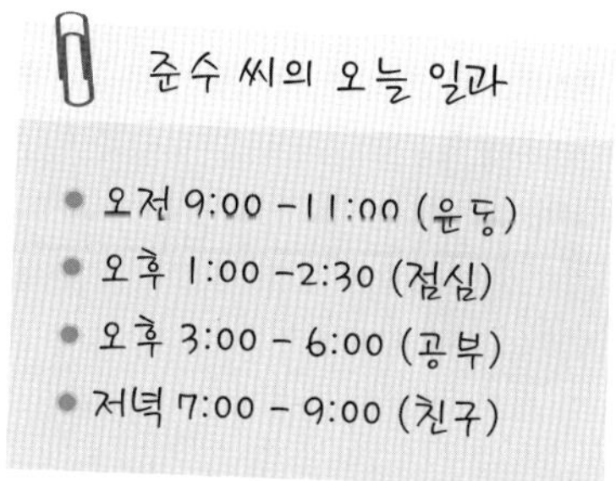

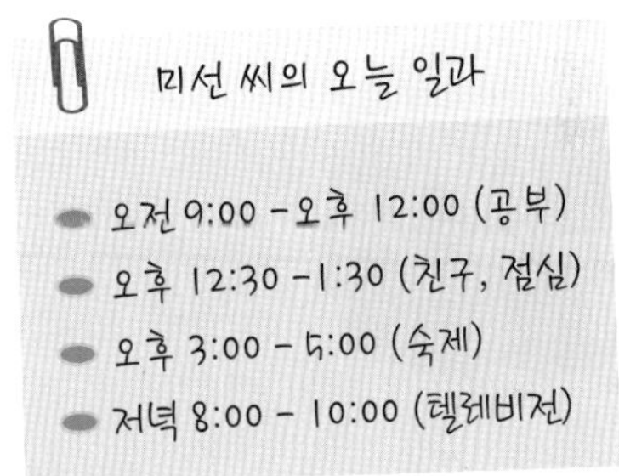

보기
준수: 미선 씨, 언제 점심을 먹어요?
미선: 오후 열두 시 반부터 한 시 반까지 친구하고 점심을 먹어요.

❶ 미선: 준수 씨, 언제 운동을 해요?
준수: ______________________.

❷ 준수: 미선 씨, 언제 공부해요?
미선: ______________________.

❸ 미선: 준수 씨, 저녁에 뭘 해요?
준수: ______________________.

❹ 준수: 미선 씨, 오후에 뭘 해요?
미선: ______________________.

❺ 미선: ______________________?
준수: ______________________.

제13과 토요일에 무엇을 하고 싶어요?

1. -고 싶다

1) 보기 와 같이 쓰세요.

> **보기** 커피를 좋아해요. 커피를 마시고 싶어요.

❶ 이 식당은 냉면이 맛있어요. 냉면을 ________________.

❷ 한국어가 재미있어요. 한국어를 ________________.

❸ 그 영화가 유명해요. 그 영화를 ________________.

❹ 매워요. 물을 ________________.

❺ 밤 열두 시예요. ________________.

2) 그림을 보고 문장을 만드세요.

토요일에 무엇을 하고 싶어요?

> **보기** 저는 토요일에 영화를 보고 싶어요.

❶ 저는 토요일에 ________________.

❷ ________________.

❸ ________________.

❹ ________________.

❺ ________________.

2. 에서

1) 보기 와 같이 연결하고 문장을 쓰세요.

보기 식당	책을 읽다	______.
❶ 서점	텔레비전을 보다	______.
❷ 공원	책을 사다	______.
❸ 도서관	불고기를 먹다	식당에서 불고기를 먹어요.
❹ 집	커피를 마시다	______.
❺ 커피숍	운동을 하다	______.

2) 이야기를 읽고 보기 와 같이 고르세요.

안녕하세요, 마이클이에요. 저는 미국(에, (에서)) 왔어요. 가족이 모두 미국(에, 에서) 있어요. 여자 친구도 미국(에, 에서) 있어요. 여자 친구가 보고 싶어요. 저는 한국대학교(에, 에서) 한국어를 공부해요. 학교(에, 에서) 한국 친구가 많아요. 한국 친구들은 재미있어요. 토요일 아침(에, 에서) 학교 도서관(에, 에서) 아르바이트를 해요. 도서관(에, 에서) 책이 아주 많아요. 오후(에, 에서) 보통 학교 근처(에, 에서) 친구를 만나요. 학교 근처 식당(에, 에서) 저녁을 먹어요. 커피숍(에, 에서) 커피도 마셔요.

제14과 동대문 시장에 가요

1. 에 가다

1) 그림을 보고 **보기** 와 같이 쓰세요.

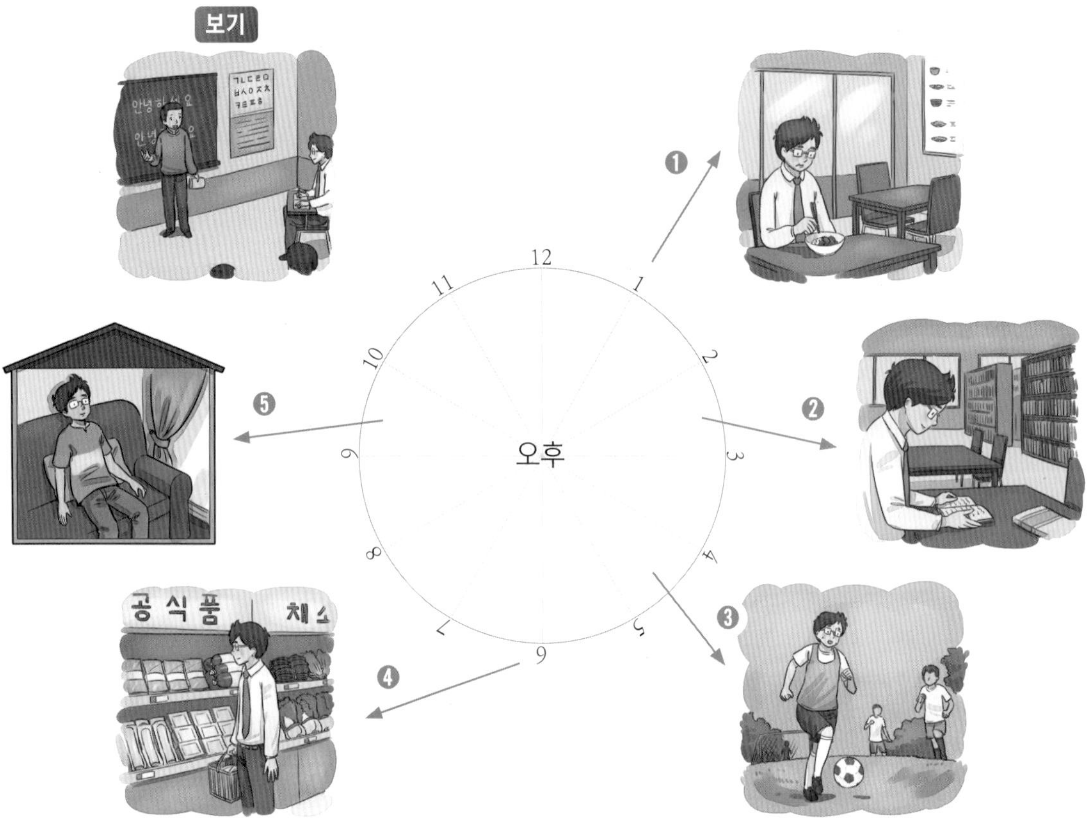

보기 학교에 가요.

❶ 식당 ______________________________.

❷ 도서관 ______________________________.

❸ ______________________________.

❹ ______________________________.

❺ ______________________________.

2) **보기** 와 같이 대화를 만드세요.

> **보기** 가: 옷을 사고 싶어요.
> 나: 그럼 동대문시장에 가세요.

❶ 가: 오후 1시예요.
나: 그럼 식당 ______________________

❷ 가: 화장품을 사고 싶어요.
나: 명동이 화장품 값이 싸요. ______________________

❸ 가: 영화를 보고 싶어요.
나: ______________________

❹ 가: 쉬고 싶어요.
나: ______________________

❺ 가: 고향 친구가 한국에 와요. 어디가 좋아요?
나: ______________________

2. 과/와

1) 보기 와 같이 쓰세요.

보기 저는 김밥(과) 라면을 먹어요.

❶ 토요일(　　) 일요일은 학교에 가지 않아요.

❷ 교실에 컴퓨터(　　) 텔레비전은 없어요.

❸ 슈퍼마켓에서 과자(　　) 주스를 사요.

❹ 내 친구는 샤오밍(　　) 마이클(　　) 유리예요.

❺ 이 식당은 김치찌개(　　) 비빔밥(　　) 냉면이 맛있어요.

2) 그림을 보고 대화를 만드세요.

보기

가: 책상에 무엇이 있어요?

나: 책과 공책과 필통이 있어요.

❶

가: 필통에 무엇이 있어요?

나: 연필____ 지우개____ 볼펜이 있어요.

❷

가: 교실에 무엇이 있어요?

나: 책상____ 의자________________________________.

❸

가: 가방에 무엇이 있어요?

나: ____.

❹

가: 한국에서 무엇을 사고 싶어요?

나: ____.

❺

가: 점심에 무엇을 먹고 싶어요?

나: ____.

제15과 한 개에 만 원이에요

1. 에[2]

1) **보기** 와 같이 쓰세요.

보기	케이크 (개)	₩ 22,000	➡	케이크 한 개에 이만 이천 원이에요.
❶	치마 (벌)	₩ 35,000	➡	______________________.
❷	냉면 (그릇)	₩ 5,500	➡	______________________.
❸	지갑 (개)	₩ 60,000	➡	______________________.
❹	주스 (잔)	₩ 3,800	➡	______________________.
❺	불고기 (인분)	₩ 12,000	➡	______________________.

2) 그림을 보고 대화를 만드세요.

보기

가: 이 지우개 얼마예요?
나: 한 개에 오백 원이에요.

❶

가: 이 바지 ______________________?
나: 한 벌에 ______________________.

❷

가: 이 커피 ______________________?
나: 한 잔에 ______________________.

❸

가: 이 필통 ______________________?
나: ______________________.

❹

가: ______________________?
나: ______________________.

❺

가: ______________________?
나: ______________________.

2. 에게

1) **보기** 와 같이 쓰세요.

모자 화장품 공책 한국어 **장갑** 크리스마스카드	주다 가르치다 **선물하다**

보기 (언니 → 동생) ➡ 언니가 동생에게 장갑을 선물해요.

❶ (아버지 → 오빠) ➡ ________________.

❷ (어머니 → 누나) ➡ ________________.

❸ (선생님 → 학생들) ➡ ________________.

❹ (친구 → 저) ➡ ________________.

❺ (형 → 동생) ➡ ________________.

2) 그림을 보고 대화를 만드세요.

보기

가: 마이클 씨가 무엇을 해요?

나: 마이클 씨가 샤오밍 씨에게 만년필을 줘요.

❶

가: 유리 씨가 무엇을 해요?

나: ________________.

❷

가: 선생님이 무엇을 해요?

나: ________________.

❸

가: 샤오밍 씨가 무엇을 해요?

나: ________________.

❹

가: 영주 씨가 무엇을 해요?

나: ________________.

❺

가: 마이클 씨가 무엇을 해요?

나: ________________.

부록

3. 듣기 지문

제1과 한글 (1)

모음 1
CD 01-5,6

4. 1) 오 2) 어 3) 애 4) 위 5) 으 6) 어이

5. 1) 이 2) 오 3) 외 4) 아이 5) 오이 6) 에이

자음 1
CD 01-11,12

4. 1) 드 2) 뉘 3) 거기 4) 나리 5) 도로 6) 아귀

5. 1) 가게 2) 다리 3) 누나 4) 노래 5) 라디오 6) 개나리

자음 2
CD 01-17,18

4. 1) 무 2) 쥐 3) 배우 4) 사다 5) 소리 6) 어버이

5. 1) 모자 2) 바지 3) 새우 4) 지도 5) 아버지 6) 쇠고기

한글연습 1
CD 01-19~22

1. 다리, 가게, 새우, 자주

2. 위, 노래, 매우, 모자, 거기, 아기, 에이, 구두

3. 1) 귀 2) 어이 3) 부모 4) 두부 5) 자다 6) 뒤로

5. 1) 어머니 2) 쇠고기 3) 아이 4) 라디오 5) 아버지 6) 구두

제2과 한글 (2)

자음 3
CD 02-5,6

4. 1) 피 2) 코 3) 자다 4) 보도 5) 회사 6) 포수

5. 1) 포도 2) 회사 3) 커피 4) 치마 5) 케이크 6) 아파트

자음 4
CD 02-11,12

4. 1) 꼬리 2) 다르다 3) 아빠 4) 싸다 5) 치다 6) 삐다

5. 1) 가다 2) 꼬마 3) 타다 4) 또 5) 삐다 6) 포도 7) 사다 8) 쓰다 9) 짜다 10) 초

모음 2
CD 02-17,18

4. 1) 요구 2) 의사 3) 여우 4) 교회 5) 사과 6) 여기

5. 1) 티셔츠 2) 야구 3) 의사 4) 우유 5) 과자 6) 교수

한글연습 2
CD 02-19~22

1. 1) 꼬리 2) 포도 3) 의사 4) 짜다 5) 커피 6) 투수

2. 의자, 고기, 찌개, 쓰다. 짜다, 과자, 꼬리, 투수, 포도, 코

3. 1) 시계 2) 와 3) 의사 4) 야구 5) 토끼 6) 과자
5. 1) 티셔츠 2) 아빠 3) 커피 4) 과자 5) 코끼리 6) 꼬리

제3과 한글 (3)

받침

CD 03-5~8

4. 1) 공 2) 집 3) 옷 4) 돈 5) 국 6) 병
6. 1) 돈 2) 별 3) 국 4) 손 5) 공 6) 집 7) 김치 8) 책상
7. 공, 옷, 별, 집, 돈, 공
8. 1) 밥 2) 부엌 3) 집 4) 국 5) 김치 6) 옷 7) 별

한글 문장 연습

CD 03-10,11,13

2. 1) 옷 가게에 가요. 2) 바지가 있어요. 3) 치마도 있어요.
3. 1) 영주 씨 집이에요. 영주 씨가 밥을 먹어요. 2) 국이 맛있어요.
3) 찌개는 짜요. 4) 김치는 매워요.
6. 1) 감사합니다. 2) 죄송합니다.
3) 처음 뵙겠습니다. 4) 안녕히 가세요.

제4과 제 이름은 유리예요

과제 2

CD 04-3,4

1. 1) 가: 안녕하세요? 나: 네, 안녕하세요?
2) 저는 영주예요.

2.

김영주: 안녕하세요?
슈테판: 네, 안녕하세요? 제 이름은 슈테판이에요. 회사원이에요.
김영주: 저는 김영주예요. 학생이에요.
슈테판: 반가워요.
김영주: 반가워요.

제5과 어느 나라 사람이에요?

과제 2

CD 05-3,4

1. 1) 가: 어느 나라 사람이에요? 나: 영국 사람이에요.
2) 가: 일본 사람이에요? 나: 아니요. 일본 사람이 아니에요.
가: 한국 사람이에요? 나: 아니요, 중국 사람이에요.

2.

신디: 안녕하세요? 저는 신디예요.
유유: 안녕하세요? 제 이름은 유유예요.
신디: 반가워요. 중국 사람이에요?
유유: 네, 중국 사람이에요. 신디 씨는 미국 사람이에요?
신디: 아니요. 저는 미국 사람이 아니에요. 영국 사람이에요.

제6과 이것이 마이클 씨 책이에요?

과제 2

CD 06-3,4

1. 1) 이것이 영주 씨 가방이에요? 2) 저것이 볼펜이에요?

2.

영 주: 이것이 마이클 씨 지갑이에요?
마이클: 네, 제 지갑이에요.
영 주: 그것은 뭐예요?
마이클: 이것은 제 공책이에요.
영 주: 저것은 뭐예요?
마이클: 저것은 샤오밍 씨 사전이에요.

제7과 일본 사람도 있어요

과제 2

CD 07-3,4

1. 1) 한국 친구가 몇 명 있어요? 2) 가: 영주 씨가 학교에 있어요? 나: 아니요. 집에 있어요.

2.

마이클: 영주 씨, 유리 씨가 학교 식당에 있어요?
영 주: 네, 있어요.
마이클: 샤오밍 씨도 학교 식당에 있어요?
영 주: 아니요, 없어요.
마이클: 샤오밍 씨는 어디에 있어요?
영 주: 도서관에 있어요.

제8과 동생은 무엇을 해요?

과제 2

CD 08-3,4

1. 1) 가족이 몇 명이에요? 2) 형이 무엇을 해요?

2. 안녕하세요? 저는 슈테판이에요. 저는 독일에서 왔어요. 아버지는 독일 사람이에요. 회사원이에요. 어머니는 한국 사람이에요. 어머니는 한국어 선생님이에요. 저는 동생이 한 명 있어요. 동생은 학생이에요. 동생은 중국에 있어요.

제9과 경치가 아름다워요

과제 2

CD 09-3,4

1. 1) 고향 경치가 어때요? 2) 샤오밍 씨 고향은 날씨가 추워요?

2.
영 주: 샤오밍 씨, 고향이 어디예요?
샤오밍: 제 고향은 중국 칭다오예요.
영 주: 고향에 무엇이 있어요?
샤오밍: 바다가 있어요. 공원도 있어요.
영 주: 고향이 어때요?
샤오밍: 경치가 아름다워요. 그리고 맥주가 유명해요.

제10과 불고기를 먹을까요?

과제 2

CD 10-3,4

1. 1) 무엇을 먹을까요? 2) 무슨 주스를 마실까요?

2. 나는 서울 식당이 좋아요. 서울 식당은 학교 근처에 있어요. 서울 식당은 음식이 맛있어요. 그리고 종업원이 친절해요. 사람은 많지 않아요. 그 식당에 삼계탕, 비빔밥, 냉면이 있어요. 김치찌개도 있어요. 하지만 불고기는 없어요.

제11과 불고기 이 인분하고 냉면 주세요

과제 2

CD 11-3,4

1. 1) 여기요. 불고기 이 인분하고 냉면 주세요. 2) 물 좀 주세요

2.
유 리: 이 식당은 삼계탕이 유명해요. 마이클 씨도 삼계탕을 드세요.
마이클: 네, 좋아요.
유 리: 여기요, 삼계탕 두 그릇 주세요.
종업원: 네, 알겠습니다.
유 리: 그리고 맥주 있어요?

종업원: 아니요, 맥주는 없어요. 콜라가 있어요.
마이클: 그럼 콜라 한 잔 주세요.
종업원: 네, 알겠습니다. 잠깐만 기다리세요.

제12과 세 시부터 다섯 시까지 운동을 해요

과제 2

CD 12-3,4

1. 1) 몇 시에 저녁을 먹어요? 2) 오후에 뭘 해요?

2.

영 주: 마이클 씨, 몇 시에 일어나요?
마이클: 저는 여덟 시에 일어나요.
영 주: 몇 시에 아침을 먹어요?
마이클: 여덟 시 반에 아침을 먹어요.
영 주: 오후에 뭘 해요?
마이클: 친구를 만나요.
영 주: 숙제는 언제 해요?
마이클: 보통 저녁 일곱 시부터 아홉 시까지 해요.

제13과 토요일에 무엇을 하고 싶어요?

과제 2

CD 13-3,4

1. 1) 이번 수요일이 몇 월 며칠이에요? 2) 일요일에 무엇을 하고 싶어요?

2.

유 리: 슈테판 씨, 생일이 언제예요?
슈테판: 7월 12일이에요. 이번 토요일이에요.
유 리: 생일에 뭘 하고 싶어요?
슈테판: 집에서 친구하고 파티를 하고 싶어요. 유리 씨도 오세요.
유 리: 몇 시부터 파티를 해요?
슈테판: 저녁 7시쯤 오세요.
유 리: 네, 그럼 토요일 7시에 만나요.

제14과 동대문시장에 가요

과제 2

CD 14-3,4

1. 1) 지금 어디에 가요? 2) 문구점에 무엇이 있어요?

2.

유 리: 영주 씨, 내일 무엇을 해요?
영 주: 명동에 가요.
유 리: 거기에 무엇이 있어요?
영 주: 가게가 많아요. 근처에 시장과 백화점도 있어요.
유 리: 옷 가게도 있어요?
영 주: 네, 옷 가게도 있어요.
유 리: 그래요? 그럼 저도 같이 갈까요?
영 주: 좋아요. 내일 같이 가요.

제15과 한 개에 만 원이에요

과제 2

CD 15-3,4

1. 1) 바지 있어요? 2) 이 선물을 누구에게 주고 싶어요?

2.

주 인: 어서 오세요.
손 님: 볼펜 있어요?
주 인: 네, 여기 있어요.
손 님: 이 볼펜 얼마예요?
주 인: 이것은 한 개에 천 원이에요. 저것은 한 개에 천 오백 원이에요.
손 님: 저 볼펜이 예뻐요. 저 볼펜 두 개 주세요.
주 인: 네, 삼천 원이에요.

부록

4. 모범 답안

〈본문〉

제1과

모음 1

4. 1) ❶ 오 2) ❶ 어 3) ❶ 애
4) ❷ 위 5) ❶ 으 6) ❷ 어이

5. 1) 이 2) 오 3) 외
4) 아이 5) 오이 6) 에이

자음 1

4. 1) ❸ 드 2) ❷ 뉘 3) ❶ 거기
4) ❷ 나리 5) ❸ 도로 6) ❷ 아귀

5. 1) 가게 2) 다리 3) 누나
4) 노래 5) 라디오 6) 개나리

자음 2

4. 1) ❷ 무 2) ❸ 쥐 3) ❷ 배우
4) ❶ 사다 5) ❶ 소리 6) ❷ 어버이

5. 1) 모자 2) 바지 3) 새우
4) 지도 5) 아버지 6) 쇠고기

한글 연습 1

1. 다리, 가게, 새우, 자주

가기 ( ) 가게 (✓) 바지 ( ) 자주 (✓) 나리 ( ) 다리 (✓) 새로 ( ) 자수 ( ) 새우 (✓)

2. 모자

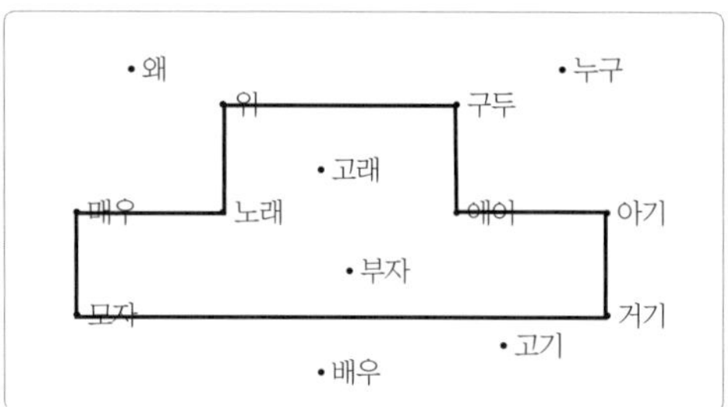

3. 1) 귀 2) 어이 3) 부모
4) 두부 5) 자다 6) 뒤로

4.

가	나	라	외	위
바	보	루	우	구
수	소	서	기	거
저	거	로	지	구

5. 1) 어머니 2) 쇠고기 3) 아이
4) 라디오 5) 아버지 6) 구두

6. 생략

제2과

자음 3

4. 1) ❷ 피 2) ❸ 코 3) ❷ 자다
4) ❷ 보도 5) ❶ 회사 6) ❷ 포수

5. 1) 포도 2) 회사 3) 커피
4) 치마 5) 케이크 6) 아파트

자음 4

4. 1) ❷ 꼬리 2) ❶ 다르다 3) ❶ 아빠
4) ❷ 싸다 5) ❸ 치다 6) ❶ 삐다

5. 1) 가다-❶ 2) 꼬마-❷ 3) 타다-❸
4) 또-❷ 5) 삐다-❷ 6) 포도-❸
7) 사다-❶ 8) 쓰다-❷ 9) 짜다-❷
10) 초-❸

모음 2

4. 1) ❷ 요구 2) ❷ 의사 3) ❷ 여우
4) ❶ 교회 5) ❶ 사과 6) ❶ 여기

5. 1) 티셔츠 2) 야구 3) 의사
4) 우유 5) 과자 6) 교수

한글 연습 2

1. 투수 [6] 포도 [2] 회사 [ ] 짜다 [4] 파도 [ ] 꼬리 [1] 의사 [3] 포수 [ ] 커피 [5]

2. 티셔츠

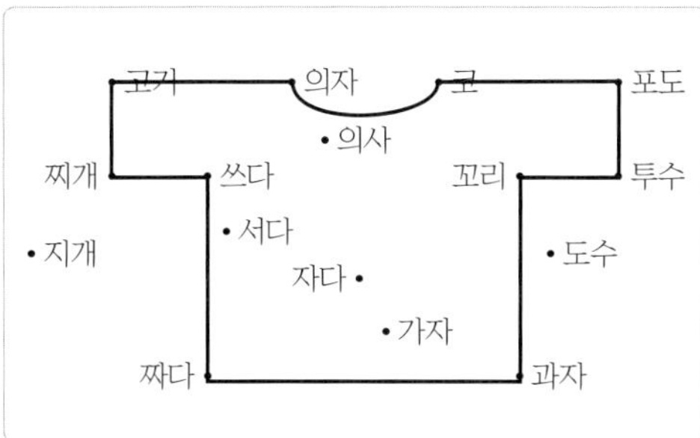

3. 1) 시계　2) 와　3) 의사
4) 야구　5) 토끼　6) 과자

4.

파	뿌	아	빠	싸	개
교	꼬	피	보	찌	쓰
회	커	야	치	돼	지
타	까	호	코	끼	리

5. 1) 티셔츠　2) 아빠　3) 커피
4) 과자　5) 코끼리　6) 꼬리

6. 생략

제3과

받침

4. 1) ❸ 공　2) ❷ 집　3) ❸ 옷
4) ❸ 돈　5) ❷ 국　6) ❸ 병

5.

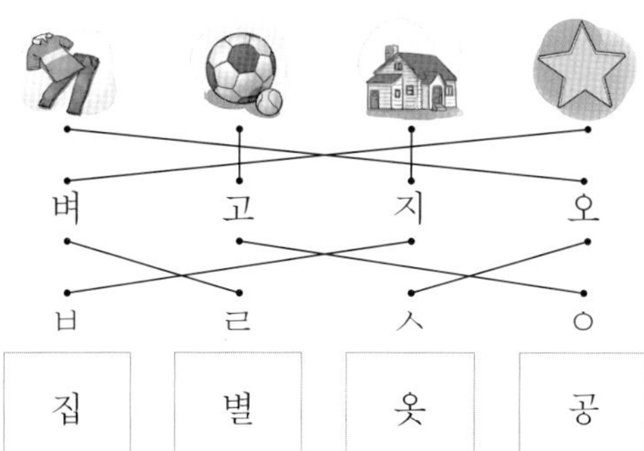

6. 1) 돈　2) 별　3) 국
4) 손　5) 공　6) 집
7) 김치　8) 책상

7. 별

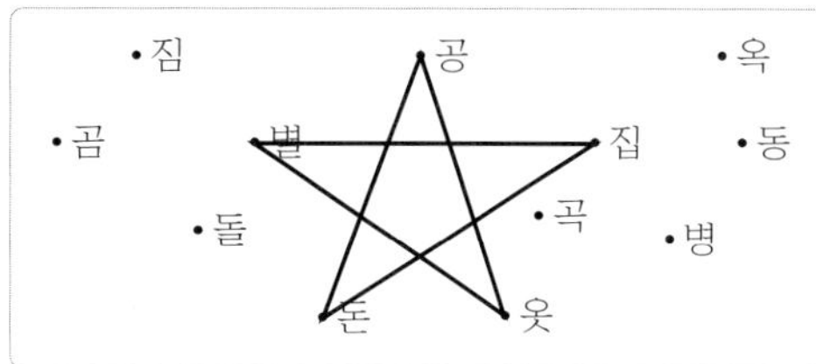

8. 1) 밥　2) 부엌　3) 집
4) 국　5) 김치　6) 옷
7) 별

한글 문장 연습

2. 1) 가게　2) 바지　3) 치마

3. 1) 집　2) 국　3) 찌개
4) 김치

6. 1) 죄송합니다.　2) 처음 뵙겠습니다.
3) 안녕히 가세요.

제4과

어휘

4. 1) 성: 최 / 이름: 진희 / 최진희 씨 / 진희 씨
2) 성: 안 / 이름: 성미 / 안성미 선생님 / 안 선생님
3) 생략

문법 1

4. 1) 예요　2) 이에요　3) 예요
4) 예요　5) 이에요

문법 1

4. 1) 는　2) 은　3) 는
4) 저는(제 이름은)
5) 저는 샤오밍이에요.(제 이름은 샤오밍이에요.)

과제 1

생략

과제 2

1. 1) ❹ 2) ❷

2. 1) ❷, ❹

2) 안녕하세요?/네/제 이름은 슈테판이에요.
/저는 김영주예요./반가워요.

3. 생략

과제 3

1. 1) ❶ 브라운/마이클 ❷ 이/현준

2) X, X

2. 생략

제5과

어휘

1) 일본 2) 중국 3) 미국
4) 프랑스 5) 영국 6) 브라질
7) 호주

문법 1

1) 가: 일본이에요? 나: 네, 일본이에요.
2) 가: 중국이에요? 나: 네, 중국이에요.
3) 가: 호주예요? 나: 네, 호주예요.
4) 가: 브라질이에요? 나: 네, 브라질이에요.
5) 가: 영국이에요? 나: 네, 영국이에요.

문법 2

1) 이 아니에요 2) 가 아니에요
3) 선생님이 아니에요
4) 아니요, 엔지 씨가 아니에요
5) 아니요, 영국 사람이 아니에요

과제 1

생략

과제 2

1. 1) ❷ 2) ❸

2. 1) ❶ 2) X, X

3. 생략

과제 3

1. 1) 와타나베 나오코

2) 일본 도쿄

3) O, X

2. 생략

제6과

어휘

1) 공책 2) 볼펜 3) 연필
4) 지우개 5) 가방 6) 지갑
7) 휴지

문법 1

1) 가: 누가 회사원이에요?
나: 샤오밍이 회사원이에요.
2) 가: 누가 여학생이에요?
나: 유리가 여학생이에요.
3) 가: 누가 한국 사람이에요?
나: 이현준 선생님이 한국 사람이에요.
4) 가: 누가 미국에서 왔어요?
나: 마이클이 미국에서 왔어요.
5) 가: 누가 일본 사람이에요?
나: 유리가 일본 사람이에요.

문법 2

1) 유리: 이것이 뭐예요? 영주: 그것이 사전이에요.
2) 유리: 그것이 뭐예요? 영주: 이것이 연필이에요.
3) 유리: 그것이 뭐예요? 영주: 이것이 공책이에요.
4) 유리: 저것이 뭐예요? 영주: 저것이 휴지예요.
5) 유리: 저것이 뭐예요? 영주: 저것이 가방이에요.

과제 1

생략

과제 2

1. 1) ❷ 2) ❸

2. 1) 지갑, 공책 2) 사전

3. 생략

과제 3

1. 1) ❶, ❸ 2) (한국어) 사전

3) O, X, O

2. 생략

제7과

어휘

1) 도서관 2) 식당 3) 서점
4) 은행 5) 사무실 6) 교실
7) 화장실 8) 학교

보기 7	둘		다섯 명
1) 2	다섯		한 명
2) 5	일곱		두 명
3) 1	하나		일곱 명

(보기 7 – 일곱 – 일곱 명, 1) 2 – 둘 – 두 명, 2) 5 – 다섯 – 다섯 명, 3) 1 – 하나 – 한 명)

문법 1

1) 도서관에 있어요. 2) 어디에 있어요
3) 사무실에 있어요. 4) 어디에 있어요
5) 어디에 있어요 6) 은행에 있어요.

문법 2

1) 샤오밍 씨도 회사원이에요.
2) 저것도 유리 씨 책이에요?
3) 저것도 제 책이에요.
4) 볼펜도 있어요?
5) 볼펜도 있어요.

과제 1

1) 가: 교실에 가방이 몇 개 있어요? 나: 다섯 개 있어요. 가: 우산도 있어요? 나: 네, 있어요.
가: 우산이 몇 개 있어요? 나: 두 개 있어요.

2) 가: 가방에 지우개가 몇 개 있어요? 나: 두 개 있어요. 가: 휴지도 있어요? 나: 네, 있어요.
가: 휴지가 몇 개 있어요? 나: 한 개 있어요.

3) 가: 학교에 식당이 몇 개 있어요? 나: 세 개 있어요. 가: 서점도 있어요? 나: 네, 있어요.
가: 서점이 몇 개 있어요? 나: 한 개 있어요.

4) 가: 교실에 여자가 몇 명 있어요? 나: 여섯 명 있어요. 가: 남자도 있어요? 나: 네, 있어요.
가: 남자가 몇 명 있어요? 나: 일곱 명 있어요.

과제 2

1. 1) ❷ 2) ❹

2. 1) 유리 2) O, X

3. 생략

과제 3

1. 1) 은행, 서점, 식당 2) 학교 근처 3) O, X, X

2. 생략

제8과

어휘

1) 어머니 2) 형 3) 누나
4) 아버지 5) 남동생 6) 언니
1) 보다 2) 읽다 3) 마시다
4) 일하다 5) 쓰다

문법 1

1) 사요 2) 마셔요 3) 줘요
4) 써요 5) 봐요

문법 2

1) 가: 마이클이 무엇을 먹어요?
나: 마이클이 과자를 먹어요.
2) 가: 슈테판이 무엇을 마셔요?
나: 슈테판이 커피를 마셔요.
3) 가: 샤오밍이 무엇을 봐요?
나: 샤오밍이 사진을 봐요.
4) 가: 민수가 무엇을 공부해요?
나: 민수가 일본어를 공부해요.
5) 가: 미나가 무엇을 읽어요?
나: 미나가 책을 읽어요.

과제 1

생략

과제 2

1. 1) ❶ 2) ❷
2. 1) 네 명 2) X, O, X
3. 생략

과제 3

1. 1) ❷ 언니, ❸ 남동생 2) 두 명, 네 명
3) X, O, O
2. 생략

제9과

어휘

생략

문법 1

1) 샤오밍: 유리 씨 가방이 커요?
유리: 아니요, 크지 않아요.
2) 샤오밍: 방에 책이 많아요?
유리: 아니요, 많지 않아요.
3) 샤오밍: 슈테판 씨가 커피를 마셔요?
유리: 아니요, 커피를 마시지 않아요.
4) 샤오밍: 슈테판 씨가 중국어를 공부해요?
유리: 아니요, 중국어를 공부하지 않아요.
5) 샤오밍: 마이클 씨가 책을 읽어요?
유리: 아니요, 읽지 않아요.

문법 2

1) 추워요 2) 아름다워요 3) 매워요
4) 한국어 공부가 어려워요 5) 가까워요

과제 1

생략

과제 2

1. 1) ❸ 2) ❹
2. 1) ❸ 2) O, X
3. 생략

과제 3

1. 1) 제주도 2) 좋아요, 춥지 않아요.
3) O, O
2. 생략

제10과

어휘

1) 삼겹살 2) 된장찌개 3) 냉면
4) 김밥 5) 불고기

문법 1

1) 가: 영화를 볼까요? 나: 네, 좋아요.
2) 가: 커피를 마실까요? 나: 네, 좋아요.

3) 가: 책을 읽을까요? 나: 네, 좋아요.
4) 가: 한국어 교과서를 살까요? 나: 네, 좋아요.
5) 가: 중국어를 배울까요? 나: 네, 좋아요.

문법 2

1) 가: 한국어 책을 읽을까요?
나: 네, 한국어 책을 읽어요.
2) 가: 가방을 살까요?
나: 네, 좋아요. 가방을 사요.
3) 가: 무엇을 먹을까요?
나: 피자를 먹어요.
4) 가: 무엇을 마실까요?
나: 주스를 마셔요.
5) 생략

과제 1

생략

과제 2

1. 1) ❶ 2) ❷
2. 1)

사람이 많아요. **종업원이 친절해요.**
음식이 맛있어요. 우리 집 근처에 있어요.
나는 이 식당이 좋아요.

2)

삼계탕 삼겹살 김밥 **김치찌개**
불고기 **비빔밥** **냉면** 된장찌개

3. 생략

과제 3

1. 1) 우리 집 근처
2)

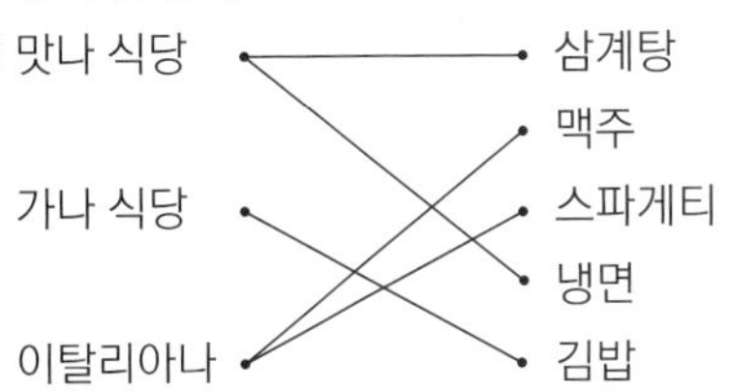

3) X, O, O
2. 생략

제11과

어휘

1) 이 2) 육 3) 팔만 구천
4) 백 오십 육 5) 칠천 십 육 6) 삼백 이십 사
7) 천 구백 오십

문법 1

1) 하고 2) 하고
3) 유리하고 샤오밍 4) 라면하고 김밥
5) 김치찌개하고 된장찌개

문법 2

1) 불고기 주세요. 2) 물 주세요.
3) 기다리세요. 4) 안녕히 가세요.
5) 안녕히 가세요.

과제 1

생략

과제 2

1. 1) ❷ 2) ❸
2. 1) 삼계탕, 콜라 2) O, X, X
3. 생략

과제 3

1. 1) 삼 인분/사천 오백 원/사만 오백 원
2) 삼겹살, 김치
3) O, X, O
2. 생략

제12과

어휘

1) 가: 지금 몇 시예요? 나: 여섯 시예요.
2) 가: 지금 몇 시예요? 나: 세 시 삼십 분이에요.
3) 가: 지금 몇 시예요? 나: 열 시 삼십 분이에요.
4) 가: 지금 몇 시예요? 나: 일곱 시예요.
5) 가: 지금 몇 시예요? 나: 열두 시 삼십 분이에요.
6) 가: 지금 몇 시예요? 나: 오전 아홉 시 삼십 분이에요.
7) 가: 지금 몇 시예요? 나: 오후 두 시예요.

1) 마이클 씨가 일어나요.
가: 마이클 씨가 지금 무엇을 해요?
나: 마이클 씨가 일어나요.
2) 유리 씨가 친구를 만나요.
가: 유리 씨가 지금 무엇을 해요?
나: 유리 씨가 친구를 만나요.
3) 슈테판 씨가 자요.
가: 슈테판 씨가 지금 무엇을 해요?
나: 슈테판 씨가 자요.
4) 영주 씨가 버스를 타요.
가: 영주 씨가 지금 무엇을 해요?
나: 영주 씨가 버스를 타요.

문법 1

1) 오전 열 시에 공부해요.
2) 한 시에 점심을 먹어요.
3) 일을 해요.
4) 다섯 시에 커피를 마셔요.
5) 여섯 시 삼십 분에 버스를 타요.
6) 열한 시에 자요.

문법 2

1) 한 시부터 두 시까지 점심을 먹어요.
2) 두 시부터 네 시까지 친구를 만나요.
3) 다섯 시부터 여섯 시까지 운동을 해요.
4) 일곱 시부터 아홉 시까지 영어를 가르쳐요.
5) 열 시부터 열한 시까지 책을 읽어요.

과제 1

생략

과제 2

1. 1) ❹ 2) ❸
2. 1) ❹ 2) 숙제를 해요
3. 생략

과제 3

1. 1) 운동을 해요 2) 오후 한 시쯤 3) O, O, X
2. 생략

제13과

어휘

1) 일월 삼일이에요./월요일이에요.
2) 일월 십사일이에요./금요일이에요.
3) 몇 월 며칠이에요?/무슨 요일이에요?
4) 가: 몇 월 며칠이에요? 나: 칠월 이십육 일이에요.
가: 무슨 요일이에요? 나: 수요일이에요.

문법 1

1) 갈비를 먹고 싶어요. 2) 커피를 마시고 싶어요.
3) 무엇을 하고 싶어요? 4) 영화를 보고 싶어요.
5) 보고 싶어요.

문법 2

1) 집에서 공부해요.
2) 사무실에서 점심을 먹어요.
3) 집에서 먹어요.
4) 공원에서 운동해요.
5) 공원에서 만나요.

과제 1

생략

과제 2

1. 1) ❸ 2) ❹

2. 1) ❸ 2) (친구하고) 파티를 해요.

3. 생략

과제 3

1. 1) 5월 24일(오월 이십사 일) 2) 집에서

3) O, X, X

2. 생략

제14과

어휘

1) 신발 가게 2) 옷 가게 3) 백화점

4) 빵집 5) 문구점

문법 1

1) 가: 아버지가 어디에 가요? 나: 산에 가요.

2) 가: 어머니가 어디에 가요? 나: 시장에 가요.

3) 가: 남동생이 어디에 가요? 나: 학교에 가요.

4) 가: 형이 어디에 가요? 나: 회사에 가요.

5) 가: 여동생이 어디에 가요? 나: 도서관에 가요.

문법 2

1) 책과 공책과 사전과 연필과 볼펜과 지우개가 있어요.

2) 돈과 지갑과 카드와 휴지가 있어요.

3) 시계와 가족 사진과 텔레비전이 있어요.

4) 콜라와 주스를 마셔요.

5) 피자와 과자를 먹어요.

과제 1

생략

과제 2

1. 1) ❸ 2) ❹

2. 1) 가게 2) X, O, X

3. 생략

과제 3

1. 1) 친절해요/재미있어요. 2) O, X, O

2. 생략

제15과

어휘

문법 1

1) 샤오밍: 이 필통 얼마예요?

주인: 한 개에 오천 원이에요.

샤오밍: 한 개 주세요.

2) 샤오밍: 이 커피 얼마예요?

주인: 한 잔에 삼천 오백 원이에요.

샤오밍: 한 잔 주세요.

3) 샤오밍: 이 가방 얼마예요?

주인: 한 개에 이만 원이에요.

샤오밍: 한 개 주세요.

4) 샤오밍: 이 냉면 얼마예요?

주인: 한 그릇에 칠천 원이에요.

주인: 한 그릇 주세요.

5) 샤오밍: 이 넥타이 얼마예요?

주인: 한 개에 삼만 원이에요.

샤오밍: 두 개 주세요.

문법 2

생략

과제 1

생략

과제 2

1. 1) ❶ 2) ❷
2. 1) ❸ 2) 볼펜 두 개 3) 삼천 원

과제 3

1. 1) ❸ 2) 장갑 3) O, X, X
2. 생략

〈문법 활용연습〉

제1과

생략

제2과

생략

제3과

생략

제4과

1. 1) ❶ 영주예요. ❷ 학생이에요. ❸ 친구예요.
   ❹ 선생님이에요. ❺ 회사원이에요.
   2) ❶ 이에요. ❷ 예요. ❸ 이에요.
   ❹ 이재석이에요. ❺ 최진희예요.

2. 1) ❶ 는 ❷ 는 ❸ 은
   ❹ 은 ❺ 는
   2) ❶ 은 ❷ 는
   ❸ 은 회사원이에요. ❹ 는 학생이에요.
   ❺ 저는 슈테판이에요.

제5과

1. 1) ❶ 이에요? ❷ 예요? ❸ 미국이에요?
   ❹ 브라질이에요? ❺ 프랑스예요?
   2)

〈보기〉 한국 사람이에요?	가) 네, 영국 사람이에요.
❶ 호주예요?	나) 중국이에요.
❷ 어느 나라 사람이에요?	다) 네, 한국 사람이에요.
❸ 어느 나라예요?	라) 아니요, 일본이에요.
❹ 한국이에요?	마) 프랑스 사람이에요.
❺ 영국 사람이에요?	바) 네, 호주예요.

2. 1) ❶ 이 아니에요. ❷ 대학교 친구가 아니에요.
   ❸ 중국 사람이 아니에요.
   ❹ 제 친구는 회사원이 아니에요.
   ❺ 선생님은 남자가 아니에요.
   2) ❶ 가 아니에요.
   ❷ 브라질 사람이 아니에요.
   ❸ 아니요, 여자가 아니에요.
   ❹ 아니요, 학생이 아니에요.
   ❺ 아니요, 선생님이 아니에요.

제6과

1. 1) ❶ 이 ❷ 가 ❸ 가
   ❹ 이 ❺ 가
   2) ❶ 마이클이 미국 사람이에요.
   ❷ 샤오밍이 중국 사람이에요.
   ❸ 사전이 있어요.

❹ 휴지가 없어요.
❺ 마이클: 지우개가 있어요?
샤오밍: 네, 지우개가 있어요.

2. 1) ❶ 이것이 가방이에요. ❷ 그것이 지갑이에요.
❸ 그것이 휴지예요. ❹ 저것이 볼펜이에요.
❺ 저것이 공책이에요.
2) ❶ 교과서예요. ❷ 이것 ❸ 그것
❹ 그것이 숙제 공책이에요?
이것이 숙제 공책이에요.
❺ 중국 사람이에요?/(저 사람이) 중국 사람이 아니에요. 일본 사람이에요.

제7과

1. 1) ❶ 에 있어요. ❷ 에 있어요.
❸ 영국에 있어요. ❹ 미국에 있어요.
❺ 파리가 프랑스에 있어요.
2) ❶ 있어요. ❷ 에 있어요.
❸ 집에 있어요. ❹ 네, 서점에 있어요.
❺ 지갑에 사진이 있어요.

2. 1) ❶ 도 있어요. ❷ 도 있어요. ❸ 도 있어요.
❹ 도 없어요. ❺ 도 독일 사람이에요.
2) ❶ 도 교과서예요. ❷ 도 있어요? ❸ 도 있어요?
❹ 도 방에 있어요?/마이클도 방에 있어요.
❺ 사전이 있어요?/있어요.
휴대 전화도 있어요?/휴대 전화도 있어요.

제8과

1. 동사: -어요/아요/여요

1)

동사	-어요/아요/여요	동사	-어요/아요/여요
사다	〈보기〉 사요	보다	봐요
주다	줘요	마시다	마셔요
쓰다	써요	읽다	읽어요
먹다	먹어요	일하다	일해요
공부하다	공부해요		

2) ❶ 읽어요. ❷ 사요. ❸ 봐요.
❹ 일해요. ❺ 써요.

2. 1) ❶ 를 ❷ 를 ❸ 을
❹ 를 ❺ 을
2) ❶ 을 줘요. ❷ 영어를 가르쳐요.
❸ 유리를 기다려요. ❹ 커피를 마셔요.
❺ 책을 좋아해요.

제9과

1. 1) ❶ 동생이 바쁘지 않아요.
❷ 지갑이 예쁘지 않아요.
❸ 친구가 많지 않아요.
❹ 가방을 사지 않아요.
❺ 책을 읽지 않아요.
2) ❶ 바쁘 ❷ 예쁘지 않아요.
❸ 많아요?/많지 않아요.
❹ 공부해요?/한국말을 공부하지 않아요.
❺ 커피를 마시지 않아요.

2. 1)

		-어요/아요/여요	-지 않아요
보기	춥다	추워요	춥지 않아요
❶	덥다	더워요	덥지 않아요
❷	아름답다	아름다워요	아름답지 않아요
❸	맵다	매워요	맵지 않아요
❹	어렵다	어려워요	어렵지 않아요
❺	가깝다	가까워요	가깝지 않아요

2) ❶ 추워요. ❷ 아름다워요.
❸ 매워요?/매워요. ❹ 가까워요?/가깝지 않아요.
❺ 한국말이 어려워요?/네, 한국말이 어려워요.

제10과

1. 1) ❶ 마실까요? ❷ 살까요?
❸ 피자를 먹을까요?
❹ 일본어를 배울까요?

❺ 한국어 책을 읽을까요?
2) ❶ 먹을까요? ❷ 맥주를 마실까요?
❸ 그럼 이 책을 읽을까요?
❹ 그럼 기다릴까요?
❺ 그럼 영화를 볼까요?

2. 1) ❶ 배워요. ❷ 교과서를 읽어요.
❸ 커피를 마셔요.
❹ 네, 좋아요. 가족사진을 봐요.
❺ 네, 좋아요. 떡볶이를 먹어요.
2) ❶ 배워요. ❷ 우리 같이 공부해요.
❸ 읽을까요?/일본어 책을 읽어요.
❹ 무엇을 마실까요?/맥주를 마셔요.
❺ 삼계탕을 먹을까요?/네, 좋아요. 삼계탕을 먹어요.

제11과

1. 1) ❶ 제주도는 산하고 바다가 아름다워요.
❷ 김밥하고 라면을 먹어요.
❸ 집 근처에 식당하고 공원이 있어요.
❹ 저는 스파게티하고 피자를 좋아해요.
❺ 불고기하고 냉면을 주세요.
2) ❶ 하고 ❷ 불고기/냉면이 맛있어요.
❸ 지갑하고 휴지가 있어요.
❹ 삼계탕하고 비빔밥을 좋아해요.
❺ 네, 여동생하고 남동생이 있어요.

2. 1) ❶ 어서 오세요.
❷ 잠깐만 기다리세요.
❸ 여기 앉으세요.
❹ 물 좀 주세요.
❺ 책을 읽으세요.
2) ❶ 사세요.
❷ 그 영화를 보세요.
❸ 배우세요.
❹ 불고기를 드세요.
❺ 맛있어요. 이 커피를 드세요.

제12과

1. 1) ❶ 네 시에 친구를 만나요.
❷ 열 시에 커피를 마셔요.
❸ 여섯 시에 저녁을 먹어요.
❹ 아홉 시에 텔레비전을 봐요.
❺ 두 시에 한국어를 공부해요.
2) ❶ 버스를 타요. ❷ 열 시에 공부해요.
❸ 마이클 씨는 오후 열두 시 반에 점심을 먹어요.
❹ 마이클 씨는 오후 세 시에 운동을 해요.
❺ 마이클 씨는 밤 열 시 반에 자요.

2. 1) ❶ 오전 아홉 시부터 오후 다섯 시까지 일해요.
❷ 오후 두 시부터 네 시까지 친구를 만나요.
❸ 오후 네 시 반부터 다섯 시 반까지 숙제를 해요.
❹ 저녁 여섯 시 반부터 일곱 시 반까지 저녁을 먹어요.
❺ 저녁 여덟 시부터 열 시까지 텔레비전을 봐요.
2) ❶ 오전 아홉 시부터 열한 시까지 운동을 해요.
❷ 오전 아홉 시부터 오후 열두 시까지 공부해요.
❸ 저녁 일곱 시부터 아홉 시까지 친구를 만나요.
❹ 오후 세 시부터 다섯 시까지 숙제를 해요.
❺ 준수 씨, 몇 시에 점심을 먹어요?/
오후 한 시부터 두 시 반까지 점심을 먹어요.

제13과

1. 1) ❶ 먹고 싶어요.
❷ 배우고 싶어요.
❸ 보고 싶어요.
❹ 마시고 싶어요.
❺ 자고 싶어요.
2) ❶ 친구를 만나고 싶어요.
❷ 저는 토요일에 책을 읽고 싶어요.
❸ 저는 토요일에 자고 싶어요.
❹ 저는 토요일에 운동하고 싶어요.
❺ 저는 토요일에 불고기를 먹고 싶어요.

2. 1)

〈보기〉 식당	책을 읽다	도서관에서 책을 읽어요.
❶ 서점	텔레비전을 보다	집에서 텔레비전을 봐요.
❷ 공원	책을 사다	서점에서 책을 사요.
❸ 도서관	불고기를 먹다	식당에서 불고기를 먹어요.
❹ 집	커피를 마시다	커피숍에서 커피를 마셔요.
❺ 커피숍	운동을 하다	공원에서 운동을 해요.

2) 에서, 에, 에, 에서, 에, 에, 에서, 에, 에, 에서, 에서, 에서

제14과

1. 1) ❶ 에 가요. ❷ 에 가요.
❸ 운동장에 가요. ❹ 슈퍼마켓에 가요.
❺ 집에 가요.
2) ❶ 에 갈까요? ❷ 명동에 가세요.
❸ 그럼 영화관에 갈까요?
❹ 그럼 집에 가세요. ❺ 인사동에 가세요.

2. 1) ❶ 과 ❷ 와 ❸ 와
❹ 과/과 ❺ 와/과
2) ❶ 과/와 ❷ 과/가 있어요.
❸ 지갑과 휴지와 책이 있어요.
❹ 옷과 화장품을 사고 싶어요.
❺ 비빔밥과 된장찌개를 먹고 싶어요.

제15과

1. 1) ❶ 치마 한 벌에 삼만 오천 원이에요.
❷ 냉면 한 그릇에 오천 오백 원이에요.
❸ 지갑 한 개에 육만 원이에요.
❹ 주스 한 잔에 삼천 팔백 원이에요.
❺ 불고기 일 인분에 만 이천 원이에요.
2) ❶ 얼마예요?/이만 오천 원이에요.
❷ 얼마예요?/삼천 오백 원이에요.
❸ 얼마예요?/한 개에 오천 원이에요.
❹ 이 갈비 얼마예요?/이 인분에 이만 사천 원이에요.
❺ 이 사과 얼마예요?/세 개에 오천 원이에요.

2. 1) ❶ 아버지가 오빠에게 모자를 선물해요.
❷ 어머니가 누나에게 화장품을 줘요.
❸ 선생님이 학생들에게 한국어를 가르쳐요.
❹ 친구가 저에게 크리스마스카드를 줘요.
❺ 형이 동생에게 공책을 선물해요.
2) ❶ 유리 씨가 영주 씨에게 커피를 줘요.
❷ 선생님이 학생들에게 일본어를 가르쳐요.
❸ 샤오밍 씨가 마이클 씨에게 볼펜을 줘요.
❹ 영주 씨가 유리 씨에게 인형을 선물해요.
❺ 마이클 씨가 슈테판 씨에게 사전을 줘요.

부록

1. 번역
2. 문법 활용연습
3. 듣기 지문
4. 모범 답안
▸ 5. 색인

5. 색인

〈어휘 색인〉

ㄱ

ㄴ

ㄷ

사과	15과	과제어휘
사다	8과	주제어휘
사람	5과	새어휘
사무실	7과	주제어휘
사월	13과	주제어휘
사이다	10과	과제어휘
사전	6과	새어휘
사진	6과	주제어휘
산	9과	과제어휘
산책하다	13과	새어휘
삼	11과	주제어휘
삼겹살	10과	주제어휘
삼계탕	10과	주제어휘
삼월	13과	주제어휘
상품권	15과	주제어휘
생일	13과	과제어휘
서점	7과	주제어휘
선물하다	15과	새어휘
선생님	4과	주제어휘
성	4과	주제어휘
세	7과	새어휘
세	7과	주제어휘
셋	7과	주제어휘
손님	11과	과제어휘
쇼핑	13과	과제어휘
수요일	13과	주제어휘
숙제	12과	과제어휘
쉬다	13과	과제어휘
슈퍼마켓	14과	주제어휘
스파게티	10과	과제어휘
시	12과	새어휘
시	12과	주제어휘
시월	13과	주제어휘
시장	14과	주제어휘
식당	7과	주제어휘
신발	14과	새어휘
십	11과	주제어휘
십이월	13과	주제어휘
십일월	13과	주제어휘
싸다	14과	과제어휘
쓰다	8과	주제어휘
씨	4과	주제어휘

ㅇ

아니요	5과	새어휘
아르바이트	13과	과제어휘
아름답다	9과	새어휘
아름답다	9과	문법어휘
아버지	8과	새어휘
아버지	8과	주제어휘
아침	12과	과제어휘
아홉	7과	주제어휘
안녕하다 (안녕하세요)	4과	새어휘
안녕히 가세요	4과	과제어휘
안녕히 계세요	4과	과제어휘
앉다	11과	과제어휘
알겠습니다	11과	새어휘
액세서리	15과	주제어휘
어느	5과	새어휘
어디	5과	과제어휘
어떻다(어때요)	9과	새어휘
어렵다	9과	문법어휘
어머니	8과	새어휘
어머니	8과	주제어휘
어서 오세요	9과	과제어휘
언니	8과	주제어휘
언제	12과	과제어휘
얼마	15과	새어휘
없다(없어요)	6과	과제어휘
에서	5과	과제어휘
여기	9과	과제어휘
여기요	11과	새어휘
여덟	7과	주제어휘

ㅈ

〈문법 색인〉

3주완성

연세 한국어

1 부록

08710

9 788968 500374
ISBN 978-89-6850-037-4
ISBN 978-89-6850-036-7 (세트)